北大版对外汉语教材·短期培训系列

速成汉语基础教程
Speed-up Chinese

主编　杨惠元
编著　杨惠元　胡孝斌　王志芳

· 会话课本 ·
Speaking Book

1

北京大学出版社
PEKING UNIVERSITY PRESS

图书在版编目(CIP)数据

速成汉语基础教程. 会话课本. 1 / 杨惠元主编. —北京：北京大学出版社，2011.2
（北大版对外汉语教材·短期培训系列）
ISBN 978-7-301-18238-3

Ⅰ. 速… Ⅱ. 杨… Ⅲ. 汉语—听说教学—对外汉语教学—教材 Ⅳ. H195.4

中国版本图书馆 CIP 数据核字（2010）第 246460 号

书　　　名：	速成汉语基础教程·会话课本　1
著作责任者：	杨惠元　主编
责任编辑：	孙　娴
标准书号：	ISBN 978-7-301-18238-3/H·2719
出版发行：	北京大学出版社
地　　　址：	北京市海淀区成府路 205 号　100871
网　　　址：	http://www.pup.cn
电子信箱：	zpup@pup.pku.edu.cn
电　　　话：	邮购部 62752015　发行部 62750672　编辑部 62754144
	出版部 62754962
印　刷　者：	世界知识印刷厂
经　销　者：	新华书店
	787 毫米 × 1092 毫米　16 开本　10 印张　192 千字
	2011 年 2 月第 1 版　2011 年 2 月第 1 次印刷
印　　　数：	0001—3000 册
定　　　价：	38.00 元（附 MP3 盘 1 张）

未经许可，不得以任何方式复制或抄袭本书之部分或全部内容。
版权所有，侵权必究
举报电话：010-62752024　　电子信箱：fd@pup.pku.edu.cn

前 言

《速成汉语基础教程·会话课本》是《速成汉语基础教程·综合课本》的配套教材，亦可单独使用。教学对象为零起点的或略有汉语基础的初级水平的短期学生。全套共4册，每册10课。

本教材旨在训练和提高学生口头表达能力的专项技能训练教材。编写这套教材，我们吸收了有关汉语速成教学和听说训练的前沿理论研究成果，并且将其作为指导思想贯彻到了教材编写的每一个环节中。

按照最新的教材编写理念，科学的教材应该是一套"精心编写的练习集"，"练习是教材的主体"。因为是配套教材，本书只出少量生词，基本不出现新的语法点，所以，不需要教师过多地讲解，教师的主要职责是指导学生练习。"练习成为教材的主体"是本套教材最大的特色。

第二语言教学的根本目的是提高学生使用目的语在一定范围内进行交际的能力。为此，学生必须完成"从语言知识到语言技能"和"从语言技能到语言交际技能"的两次转化。这里的关键是建立目的语的思维系统。为了训练学生的思维能力，开发他们的语言潜能，本套教材的课文都采用更具挑战力的"未完成式"，使学生从被动地接受转变到主动地实践、主动地交际，真正成为学习的主人。

同时，我们认为，只有实行"强化＋科学化"的训练，才能提高训练的效果，达到速成教学的目标。所谓"强化"，就是进行大运动量的训练：一是在单位时间里给学生输入大量的语言信息，二是在单位时间里提高语言信息输入和输出的次数。所谓"科学化"，就是训练要在先进教学法理论指导下进行，强化要恰到好处，训练要讲究效果。

教师使用本套教材时，最好先熟悉主干教材《速成汉语基础教程·综合课本》的内容，要了解学生的"已知"，了解这一课是配合综合课的哪一课或哪几课。在教学中，如果能够先安排一个回忆、复习综合课的环节，训练效果会更为理想。

整个教材按照任务式教学法的路子进行编排，每课由生词、模仿、综合练习和课后练习四个部分组成。生词部分帮助学生掌握表达需要的生词、短语或句子。模仿部分先从综合课教材中选择三四个典型的语段，再按照这些语段的结构补充一个例证，作为功能会话的范本，供学生模仿。综合练习部分在模仿的基础上设计了完成会话、成段表达等练习，学生在完成这些交际任务的过程中，巩固知识、提高能力。课后练习有口头的，也有笔头的，是课堂教学的延伸，帮助学生复习巩固当课的重点。为突出听说训练，方便不识汉字的学生，全书的模仿、综合练习和课后练习都配有汉语拼音。

尽管我们做了比较大的努力，但由于水平有限，教材中可能还有很多不尽如人意的地方，希望老师们在使用的时候能够"扬长补短"，根据教学的实际情况灵活地处理它、完善它。

杨惠元

Foreword

Speed-up Chinese: Speaking Books are supplementary textbooks of *Speed-up Chinese: An Integrated Textbooks*. They also can be used independently. They are designed for the beginners in short-term study programs. They are in four volumes, with each volume containing 10 lessons.

As a set of textbooks for special training, this set of textbooks aims to train and improve students' abilities of speaking and expressing. We adopt the latest theories of accelerative Chinese teaching and listening and speaking training methods as the guideline in the process of compiling this set of textbooks.

The most significant feature of this set of books is that it is exercise-based. According to the latest textbook compiling principles, an effective textbook should be a carefully compiled series of exercises, namely "the exercises should be the main parts of the textbook". As supplementary textbooks, this book does not introduce any new grammar, although there are some new words in it. Using this textbook in the class, the teacher should take his main responsibility to guide the students to do exercises instead of giving lectures too much.

The essential aim of second language teaching is to improve students' communicating ability in the target language to some extent. To achieve this goal, student should not only learn language knowledge, but train language skills, and also participate in communication as well. In this process, the most important thing is to build a thinking system based on the target language. In order to train students' thinking ability and develop their potentialities in language, we use the challenging unfinished materials in these textbooks, which can help the students to take part in communicating practices actively, instead of receiving knowledge passively.

We believe that only by taking the principle of "reinforcement and scientification" in the practice can we enhance the effect of drills and achieve the objectives of accelerative teaching. "Reinforcement" means that in a unit of time we must input massive language information to the students as much as possible through a large amount of drills. "Scientification" implies that the drills must be guided by the methodology of teaching so that the principle of "reinforcement" can be appropriately carried out.

Before using these textbooks in the class, the teacher had better have a thorough knowledge of the content of the main textbook *Speed-up Chinese: An Integrated Textbook*, the students' "have known" and the corresponding relationship between the lessons of the comprehensive textbook and that of the speaking textbook. An activity of recalling and reviewing the corresponding comprehensive lessons before the speaking lessons will lead to a better effect.

This whole book is compiled according to the task-based teaching approach, with the following four parts in every lesson—*New Words*, *Imitation Drills*, *Comprehensive Exercises* and *After-class Exercises*. *New Words* explains new words, expressions and sentences for the students; *Imitation Drills* provides three to four utterances picked from the corresponding comprehensive lessons as samples, so that the students can know the conversation structures and imitate them; *Comprehensive Exercises*, such as "complete the conversation", "speak in paragraphs", can help the students to enhance their knowledge and abilities; *After-class Exercises*, including oral and writing exercises, are the extension of classroom teaching so that it can help to strengthen the key points of the lesson in students' mind. All the parts except *New Words* in this series are noted with *pinyin* for the convenience of the illiterate students.

No textbook is perfect. These textbooks should be used in a flexible way so that their advantages can be developed and the disadvantages can be made up for.

Yang Huiyuan

CONTENTS

Dì-yī kè Wènhòu
第一课   问候
Lesson 1   GREETING 1

一	Yùnmǔ	韵母	Finals	2
二	Shēngmǔ	声母	Initials	2
三	Yīnjié	音节	Syllables	3
四	Shēngcí	生词	New Words	4
五	Duǎnyǔ	短语	Phrases	5
六	Jùzi	句子	Sentences	6
七	Huìhuà	会话	Conversation	6

Dì-èr kè Zài Shítáng
第二课   在 食堂
Lesson 2   IN THE DINING HALL 9

一	Yùnmǔ	韵母	Finals	10
二	Shēngmǔ	声母	Initials	11
三	Yīnjié	音节	Syllables	16
四	Shēngcí	生词	New Words	17
五	Duǎnyǔ	短语	Phrases	18
六	Jùzi	句子	Sentences	20
七	Huìhuà	会话	Conversation	21

Dì-sān kè   Zhǎo Cèsuǒ
第三课   找   厕所
Lesson 3   LOOKING FOR TOILET 25

| 一 | Yùnmǔ | 韵母 | Finals 26
| 二 | Shēngmǔ | 声母 | Initials 26
| 三 | Yīnjié | 音节 | Syllables 29
| 四 | Shēngcí | 生词 | New Words 30
| 五 | Duǎnyǔ | 短语 | Phrases 31
| 六 | Jùzi | 句子 | Sentences 33
| 七 | Huìhuà | 会话 | Conversation 34

Dì-sì kè   Jièshào
第四课   介绍
Lesson 4   INTRODUCTION 37

| 一 | Yùnmǔ | 韵母 | Finals 38
| 二 | Shēngmǔ | 声母 | Initials 38
| 三 | Yīnjié | 音节 | Syllables 40
| 四 | Shēngcí | 生词 | New Words 41
| 五 | Duǎnyǔ | 短语 | Phrases 42
| 六 | Jùzi | 句子 | Sentences 44
| 七 | Huìhuà | 会话 | Conversation 45

Dì-wǔ kè   Tán Xuéxí
第五课   谈 学习
Lesson 5   TALKING ABOUT STUDYING 49

| 一 | Shēngcí | 生词 | New Words 50

二　Duǎnyǔ　短语　Phrases ········· 51

三　Jùzi　句子　Sentences ········· 53

四　Huìhuà　会话　Conversation ········· 54

Dì-liù kè　Tán Jiātíng
第六课　谈　家庭
Lesson 6　TALKING ABOUT FAMILY ········· 63

一　生词 ········· 64

二　模仿 ········· 66

　　（一）功能会话：谈家庭人口

　　（二）功能会话：谈职业

　　（三）功能会话：表示估计和补充

三　综合练习 ········· 72

　　（一）完成会话

　　（二）完成会话

　　（三）成段表达

四　课后练习 ········· 75

　　《王言的家》

　　（一）根据短文回答问题

　　（二）复述短文

Dì-qī kè　Tán Jiàoxué Bān
第七课　谈　教学　班
Lesson 7　TALKING ABOUT CLASS ········· 77

一　生词 ········· 78

二　模仿 ········· 81

　　（一）功能会话：询问有无、表达想法

（二）功能会话：询问有无、表达想法

（三）功能会话：询问有无、表示请求

（四）功能会话：询问有无和数量、表示请求

三 综合练习 ·· 88

（一）完成会话

（二）完成会话

四 课后练习 ·· 91

《艾米去外文书店买词典》

（一）根据短文回答问题

（二）复述短文

Dì-bā kè　Yùdìng Fángjiān
第八课　预定　房间
Lesson 8　BOOKING A ROOM ·· 93

一 生词 ·· 94

（一）熟读短语和句子

（二）用"冷"、"热"、"凉快"、"暖和"填空，然后问答

二 模仿 ·· 97

（一）功能会话：表达想法和愿望

（二）功能会话：询问性状和特点

（三）功能会话：询问价钱、讨价还价

三 综合练习 ·· 102

（一）完成会话

（二）完成会话

（三）成段表达

四 课后练习 ·· 106

《大卫的家》

（一）根据短文回答问题

（二）复述短文

Dì-jiǔ kè　Jiāohuàn Fǔdǎo
第九课　　交换　辅导
Lesson 9　EXCHANGE COACHING ·················· 109
　一　生词 ·· 110
　　　（一）熟读短语和句子
　　　（二）用"最近"和"最好"填空
　二　模仿 ·· 113
　　　（一）功能会话：表示请求、同意和婉言拒绝
　　　（二）功能会话：表示请求和愿望
　　　（三）功能会话：表示商量、同意和不同意
　三　综合练习 ··· 118
　　　（一）完成会话
　　　（二）完成会话
　　　（三）完成会话
　四　课后练习 ··· 123
　　《于大年和谢老师交换辅导》
　　　（一）根据短文回答问题
　　　（二）复述短文

Dì-shí kè　Tán Xuéxí Mùdì
第十课　　谈　学习　目的
Lesson 10　TALKING ABOUT PURPOSE OF STUDY ········· 127
　一　生词 ·· 128
　　　（一）熟读短语和句子
　　　（二）用括号中的词语完成句子

（三）用括号中的词语改写句子

二　模仿 ··· 131

　　（一）功能会话：表达看法和感谢

　　（二）功能会话：询问目的和打算

　　（三）功能会话：询问打算

三　综合练习 ··· 136

　　（一）完成会话

　　（二）完成会话

四　课后练习 ··· 139

　　（一）复述短文1　《学汉语的目的》

　　（二）复述短文2　《王老师给李明介绍了一家公司》

词汇总表 ··· 143

Dì-yī kè
第一课
Lesson 1

Wènhòu
问候
GREETING

Yùnmǔ 韵母　Finals

```
a    o    e    er    i    u    ü

ai   ei        ao    ou

an   en   ang  eng   ong

ia   ie        iao   iou (-iu)

ian  in   iang ing   iong

ua   uo        uai   uei (-ui)

uan  uen (-un) uang  ueng

üe   üan  ün
```

 Shēngmǔ 声母　Initials

```
b   p   m   f           d   t   n   l
z   c   s               zh  ch  sh  r
j   q   x               g   k   h
```

Yīnjié 音节 Syllables

wǒ   wǒmen

nǐ   nǐmen   nín

tā   tāmen

yī   èr   sān   sì   wǔ

liù   qī   bā   jiǔ   shí

四 Shēngcí 生词 New Words

1	问候	动	wènhòu	greeting
2	学习	动	xuéxí	to study
3	第	词头	dì	used to indicate an ordinal number
4	课	名	kè	lesson
5	语音	名	yǔyīn	phonetic
6	韵母	名	yùnmǔ	finals
7	声母	名	shēngmǔ	initials
8	声调	名	shēngdiào	tone
9	生词	名	shēngcí	new word
10	会话	名	huìhuà	conversation
11	音节	名	yīnjié	syllable
12	短语	名	duǎnyǔ	phrase
13	句子	名	jùzi	sentence

五　Duǎnyǔ 短语　Phrases

dì yī kè　　　dì èr kè　　　dì sān kè　　　dì sì kè
dì wǔ kè　　　dì liù kè　　　dì qī kè　　　dì bā kè
dì jiǔ kè　　　dì shí kè

xuéxí dì yī kè　　xuéxí dì èr kè　　xuéxí dì sān kè
xuéxí dì sì kè　　xuéxí dì wǔ kè　　xuéxí dì liù kè
xuéxí dì qī kè　　xuéxí dì bā kè　　xuéxí dì jiǔ kè
xuéxí dì shí kè

xuéxí yǔyīn　　　xuéxí yùnmǔ　　　xuéxí shēngmǔ
xuéxí shēngdiào　　xuéxí shēngcí　　xuéxí huìhuà
xuéxí yīnjié　　　xuéxí duǎnyǔ　　　xuéxí jùzi

六　Jùzi 句子　Sentences

1　Wǒmen xuéxí dì yī kè.

　　Wǒmen xuéxí dì____kè.

2　Wǒmen xuéxí yǔyīn.

　　Wǒmen xuéxí____.

七　Huìhuà 会话 Conversation

1　Bái Huá：**Nǐ hǎo!**

　　Fāng Lóng：_____!

2　Shānběn：**Nǐ hǎo!**

　　Dànèi：_____!

③ Bái Huá：**Nǐ hǎo！**

　　Shānběn：＿＿＿＿＿！

④ Dànèi：＿＿＿＿＿！

　　Bái Huá：**Nǐ hǎo！**

⑤ Shānběn：
　Dànèi：**Nǐ hǎo！**

　　Fāng Lóng：＿＿＿＿＿！

Dì-èr kè 第二课 Lesson 2

Zài Shítáng
在食堂
IN THE DINING HALL

一 Yùnmǔ 韵母 Finals

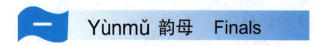

```
a        o        e        i        u        ü

ai       ei       ao       ou       ua       uo

uai      uei (-ui)
```

(一) a 开口度最大，舌位最低，唇不圆。

The mouth is wide open. The tongue is at its lowest. The lips are not rounded.

(二) o 开口度中等，舌位半高、偏后，圆唇。

The opening of the mouth is medium. The tongue-position is mid-high and a little to the back. The lips are rounded.

(三) e 开口度中等，舌位半高、偏后，唇不圆。

The opening of the mouth is medium. The tongue-position is mid-high and a little to the back. The lips are not rounded.

(四) i 开口度最小，唇扁平，舌位高、偏前。

The opening of the mouth is narrow, with the lips spread. The tongue-position is high and somewhat forward.

(五) u 开口度最小，唇最圆，舌位高、偏后。

The opening of the mouth is narrow. The lips are most close and rounded. The tongue-position is high and somewhat to the back.

(六) ü 舌位高、偏前，是与 i [i] 相对的圆唇音。

The tongue-position is high and somewhat forward. ü is the corresponding lip-rounded vowel to i [i].

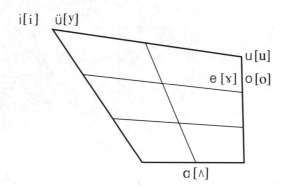

二　Shēngmǔ 声母　Initials

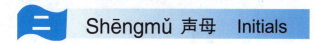

(一) b [p] 双唇阻，不送气，清塞音。双唇紧闭，口腔充满气息，猛开双唇，使气流爆发而出，通称"不送气"。声带不振动。

b [p] is a bilabial unaspirated voiceless plosive. It is produced by pressing the lips together, keeping the breath in the mouth, and then opening the mouth to let the air out with a pop. It is unaspirated and the vocal cords do not vibrate.

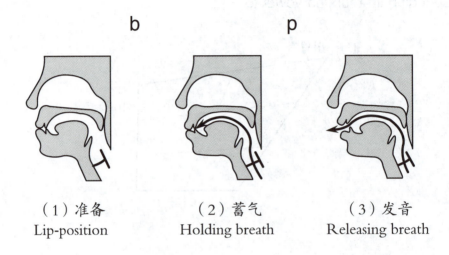

（1）准备　　　　　（2）蓄气　　　　　（3）发音
Lip-position　　　　Holding breath　　　Releasing breath

(二) p [p'] 双唇阻，送气，清塞音。发音部位和 b 一样，气流用力喷出，通称"送气"。声带不振动。

p [p'] is a bilabial aspirated voiceless plosive. The position and manner of articulation are the same as those of b, but the breath is puffed out strongly. It is aspirated and the vocal cords do not vibrate.

(三) m [m] 双唇阻，不送气，鼻音。双唇紧闭，软腭、小舌下垂，气流从鼻腔出来。声带振动。

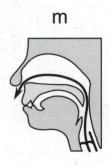

m [m] is a bilabial unaspirated nasal. It is produced by pressing the lips, lowering the soft palate and uvula and letting the breath pass out through the nose. The vocal cords vibrate.

(四) f [f] 唇齿音，清擦音。上齿接触下唇，气息从中间摩擦而出。声带不振动。

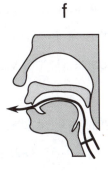

f [f] is a labio-dental voiceless fricative. It is produced by pressing the lower lip against the upper teeth and letting the breath come out with friction. The vocal cords do not vibrate.

(五) d [t] 舌尖阻，不送气，清塞音。舌尖顶上齿龈，口腔充满气息，猛把舌尖移下，使气流爆发而出。声带不振动。

d [t] is an alveolar unaspirated voiceless plosive. It is produced by pressing the tip of the tongue against the teethridge, keeping the breath in the mouth, and lowering the tip of the tongue to let out the air with a pop. It is unaspirated and the vocal cords do not vibrate.

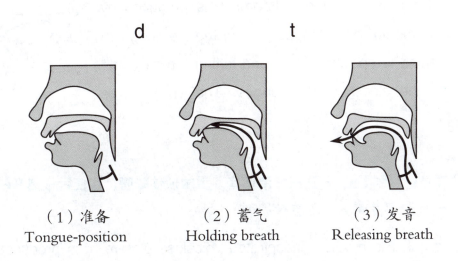

（1）准备　　　　（2）蓄气　　　　（3）发音
Tongue-position　　Holding breath　　Releasing breath

(六) t [t'] 舌尖阻，送气，清塞音。发音部位和 d 一样，气流从口腔爆发而出时要送气。声带不振动。

t [t'] is an alveolar aspirated voiceless plosive. The position and manner of articulation are the same as those of d. The only difference is that it is aspirated, i.e., the breath is let out more strongly. The vocal cords do not vibrate.

(七) n [n] 舌尖阻，鼻音。舌尖顶上齿龈，软腭、小舌下垂，鼻腔打开。声带振动。

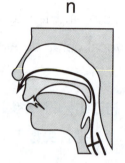

n [n] is an alveolar nasal. It is produced by pressing the tip of the tongue against the teethridge, lowering the soft palate and uvula and letting the air come out through the nose. The vocal cords vibrate.

(八) l [l] 舌尖阻，边音。舌尖顶上齿龈，比 n 稍后，气流从舌前部两边出来。声带振动。

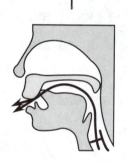

l [l] is an alveolar lateral. It is produced by pressing the tip of the tongue against the teethridge (a little behind the position of n) and letting the air come out by the sides of the tongue. The vocal cords vibrate.

(九) g [k] 舌根阻，不送气，清塞音。舌根顶住软腭，猛使舌根离开软腭，使气流爆发而出。声带不振动。

g [k] is a velar unaspirated voiceless plosive. It is produced by raising the back of the tongue against the soft palate, and then lowering it to let the air out with a pop. It is unaspirated. The vocal cords do not vibrate.

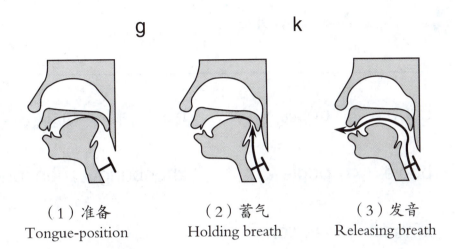

g	k	
（1）准备 Tongue-position	（2）蓄气 Holding breath	（3）发音 Releasing breath

(十) k [k'] 舌根阻，送气，清塞音。发音部位和 g 一样，气流从口腔中爆发而出时要送气。声带不振动。

k [k'] is a velar aspirated voiceless plosive. The position and manner of articulation are the same as those of g. The only difference is that it is aspirated. The vocal cords do not vibrate.

(十一) h [x] 舌根阻，清擦音。舌根接近软腭，气流从中间摩擦而出。声带不振动。

h

h [x] is a velar voiceless fricative. It is produced by raising the back of the tongue towards the soft palate, and letting the breath come out through the channel thus made. The vocal cords do not vibrate.

Yīnjié 音节 Syllables

bóbo	pópo	bízi	pízi
bǎole	pǎole	zhēnbàng	zhēnpàng
xīnbiān	xīnpiān		
dúshū	túshū	dùzi	tùzi
dǎnzi	tǎnzi	duìhuàn	tuìhuàn
bùduō	bùtuō		

四 Shēngcí 生词 New Words

1	在	动、介	zài	to be in (at)
2	食堂	名	shítáng	dining hall
3	毛	量	máo	*a measure word of Chinese currency*
4	分	量	fēn	*a measure word of Chinese currency*
5	两	数、量	liǎng	two, *a measure word*
6	饺子	名	jiǎozi	dumpling
7	包子	名	bāozi	steamed stuffed bun
8	面条儿	名	miàntiáor	noodles
9	面包	名	miànbāo	bread
10	牛奶	名	niúnǎi	milk
11	碗	名、量	wǎn	bowl, *a measure word*
12	杯	名、量	bēi	cup, *a measure word*
13	个	量	gè	*a measure word*

● 专名 **Proper noun**

中国   Zhōngguó   China

五　Duǎnyǔ 短语　Phrases

1

yì fēn　　　　liǎng fēn(èr fēn)　　wǔ fēn

yì máo　　　　liǎng máo　　　　wǔ máo

yí kuài　　　　liǎng kuài　　　　wǔ kuài　　　shí kuài

yí kuài wǔ　　liǎng kuài èr　　　sān kuài jiǔ

sì kuài liù　　　wǔ kuài bā　　　liù kuài yī

qī kuài sì　　　bā kuài sān　　　jiǔ kuài qī

yí kuài wǔ máo liù　　　　　liǎng kuài èr máo bā

sān kuài jiǔ máo wǔ　　　　sì kuài liù máo jiǔ

wǔ kuài bā máo èr　　　　　liù kuài yī máo sì

qī kuài sì máo sān　　　　　bā kuài sān máo yī

jiǔ kuài qī máo qī

第二课 在食堂

2

shíyī	shí'èr	shísān	shísì	shíwǔ
shíliù	shíqī	shíbā	shíjiǔ	èrshí
èrshíyī	èrshí'èr	èrshísān	èrshísì	èrshíwǔ
èrshíliù	èrshíqī	èrshíbā	èrshíjiǔ	sānshí
sānshíyī	sānshí'èr	sānshísān	sānshísì	sānshíwǔ
sānshíliù	sānshíqī	sānshíbā	sānshíjiǔ	sìshí
sìshíyī	sìshí'èr	sìshísān	sìshísì	sìshíwǔ
sìshíliù	sìshíqī	sìshíbā	sìshíjiǔ	wǔshí

3

dōu tīng	hái tīng	yě tīng	zài tīng	tīng de
dōu dú	hái dú	yě dú	zài dú	dú de
dōu xiě	hái xiě	yě xiě	zài xiě	xiě de
dōu kàn	hái kàn	yě kàn	zài kàn	kàn de

六 Jùzi 句子 Sentences

1 Nǐ hē shénme?

Wǒ hē Kěkǒukělè.

Wǒ hē yì bēi niúnǎi.

Wǒ hē_____.

2 Nǐ chī shénme?

Wǒ chī yì wǎn mǐfàn.

Wǒ chī yí ge mántou.

Wǒ chī yí ge dùnniúròu.

Wǒ chī èr liǎng jiǎozi.

Wǒ chī liǎng ge bāozi.

Wǒ chī yì wǎn miàntiáor.

Wǒ chī yí ge miànbāo.

Wǒ chī_____.

3 Wǒ shì Zhōngguó rén.

Wǒ shì_____rén.

4 Wǒ jiào Shānběn, shì Rìběn rén.

   Wǒ jiào _____ , shì _____ rén.

5 Nín guìxìng?

七 Huìhuà 会话 Conversation

1 A: Nǐ hǎo!

   B: _____ !

   A: Nǐ shì lǎoshī ma?

   B: _____ .

   A: Nǐ guìxìng?

   B: Wǒ xìng _____ , jiào _____ .

   A: Nǐ shì Zhōngguórén ma?

   B: Bú shì. Wǒ shì _____ rén.

2 A: Nǐ lèi ma?

　　B: _____.

　　A: Nǐ kě bù kě?

　　B: Wǒ _____ le.

　　A: Nǐ hē Kěkǒukělè ma?

　　B: _____.

　　A: Gěi nǐ.

3 A: Nǐ máng ma?

　　B: _____. Nǐ ne?

　　A: _____. Nǐ rènshi tā ma?

　　B: _____, tā shì wǒ de _____.

　　A: Tā shì nǎ guó rén?

B：Tā shì _____ rén.

A：Tā jiào shénme?

B：Tā jiào _____.

④ A：Zhè shì shénme?

B：Zhè shì _____.

A：Nǐ chī shénme?

B：Wǒ chī _____.

A：Nǐ chī shénme cài?

B：Wǒ chī _____.

A：Wǒ yě chī _____.

B：Yígòng _____.

Dì-sān kè
第三课
Lesson 3

Zhǎo Cèsuǒ
找厕所
LOOKING FOR TOILET

Yùnmǔ 韵母　Finals

```
an        en        ang       eng       ong
ian       in        iang      ing       iong
uan       uen (-un) uang      ueng
```

 Shēngmǔ 声母　Initials

```
z     c     s
zh    ch    sh    r
```

(一) z [ts] 舌尖前阻，不送气，清塞擦音。发音时舌尖平伸，顶上齿背，然后舌尖移开些，让气流从口腔中所留的空隙间摩擦出来。声带不振动。

z [ts] is a blade-alveolar unaspirated voiceless affricate. It is produced by first pressing the tip of the tongue against the back of the upper teeth and then loosening it and letting the air squeeze out through the channel thus made. It is unaspirated. The vocal cords do not vibrate.

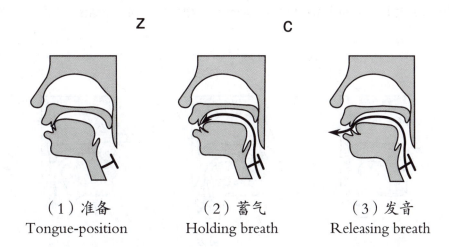

（1）准备 　　（2）蓄气　　　（3）发音
Tongue-position　Holding breath　Releasing breath

（二）c [ts'] 舌尖前阻，送气，清塞擦音。发音部位和 z 一样，要尽量送气。

c [ts'] is a blade-alveolar aspirated voiceless affricate. The position and manner of articulation are the same as those of z. The only difference is that it is aspirated.

（三）s [s] 舌尖前阻，清擦音，舌尖接近下齿背，气流从舌面中缝跟上齿中间摩擦而出。

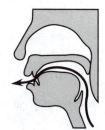

s [s] is a blade-alveolar voiceless fricative. It is produced by pressing the tip of the tongue against the back of the lower teeth and letting the air squeeze out from between the blade of tongue and the upper teeth.

（四）zh [tʂ] 舌尖后阻，不送气，清塞擦音。舌尖上卷顶住硬腭前部，气流从舌尖与硬腭间爆发摩擦而出。声带不振动。

zh [tʂ] is a blade-palatal unaspirated voiceless affricate. It is produced by first turning up the tip of the tongue against the hard palate and then loosening it and letting the air squeeze out through the channel thus made. It is unaspirated. The vocal cords do not vibrate.

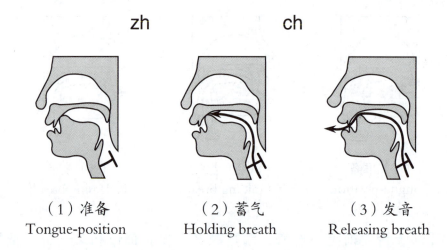

（1）准备　　　　　（2）蓄气　　　　　（3）发音
Tongue-position　　Holding breath　　Releasing breath

(五) ch [tʂʻ] 舌尖后阻，送气，清塞擦音。发音部位与 zh 一样，要尽量送气。

ch [tʂʻ] is a blade-palatal aspirated voiceless affricate. The position and manner of articulation are the same as those of zh. The only difference is that it is aspirated.

(六) sh [ʂ] 舌尖后阻，清擦音。舌尖上卷，接近硬腭，气流从舌尖与硬腭间摩擦而出。声带不振动。

sh [ʂ] is a blade-palatal voiceless fricative. It is produced by turning up the tip of the tongue near (but not touching) the hard palate and letting the air squeeze out. The vocal cords do not vibrate.

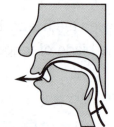

(七) r [ʐ] 舌尖后阻，浊擦音。发音部位与 sh 一样，但 r 是浊擦音。声带振动。

r [ʐ] is a blade-palatal voiced fricative. The position and manner of articulation are the same as those of sh. But r is a voiced fricative, that is, the vocal cords vibrate.

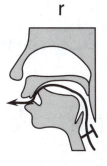

r

 Yīnjié 音节　Syllables

zhá	chá	zhè	chè	zhāi	chāi
zhǎo	chǎo	zhuō	chuō	zhì	chì
zū	zhū	zé	zhé	zǎo	zhǎo
zàn	zhàn	zāng	zhāng	zōng	zhōng
cā	chā	cǎ	chǎ	céng	chéng
cǎn	chǎn	cè	chè	cóng	chóng
sū	shū	sān	shān	sài	shài
sāo	shāo	sēn	shēn	sǎng	shǎng
zuò	cuò	zāng	cāng	zuān	cuān

四 Shēngcí 生词 New Words

1	找	动	zhǎo	to look for
2	厕所	名	cèsuǒ	toilet
3	请问	动	qǐngwèn	May I ask...
4	坐	动	zuò	to sit, by
5	车	名	chē	car, bus
6	几	代	jǐ	how many
7	动物园	名	dòngwùyuán	zoo
8	苹果	名	píngguǒ	apple
9	多少	代	duōshao	how many
10	钱	名	qián	money
11	斤	量	jīn	a measure word
12	香蕉	名	xiāngjiāo	banana

五 Duǎnyǔ 短语 Phrases

1

zuò shénme   zuò zuòyè

jì shēngcí   dú shēngcí

niàn kèwén   xiě Hànzì

2

zuìjìn hěn máng   zuìjìn bù máng

zuìjìn hěn lèi   zuìjìn bú lèi

3

zuòcuò le   shuōcuò le

niàncuò le   xiěcuò le

4

qù shāngdiàn   qù shūdiàn   qù cèsuǒ

qù yīyuàn   qù fànguǎnr   qù shítáng

5

mǎi shū	mǎi cài	mǎi shǒubiǎo
mǎi mántou	mǎi mǐfàn	mǎi niúròu

6

zhǎo shénme	zhǎo shū	zhǎo cèsuǒ
zhǎo rén	zhǎo lǎoshī	zhǎo shǒubiǎo

7

kàn shénme	kàn shū	kàn Zhōngwénshū
kàn kèwén	kàn shēngcí	kàn shǒubiǎo

8

dōu tīng	hái tīng	yě tīng	zài tīng	tīng de
dōu dú	hái dú	yě dú	zài dú	dú de
dōu xiě	hái xiě	yě xiě	zài xiě	xiě de
dōu kàn	hái kàn	yě kàn	zài kàn	kàn de

六 Jùzi 句子 Sentences

1 Qǐngwèn, fùjìn yǒu cèsuǒ ma?

2 Yǒu, zài nàbiān.

3 Qǐngwèn, qù shūdiàn zěnme zǒu?

   Qǐngwèn, qù_____zěnme zǒu?

4 Qǐngwèn, qù dòngwùyuán zuò jǐ lù chē?

   Qǐngwèn, qù_____zuò jǐ lù chē?

5 Píngguǒ duōshao qián yì jīn?

   _____duōshao qián yì jīn?

6 Tài guì le, piányi diǎnr, xíng ma?

7 Tài guì le, piányi diǎnr, zěnmeyàng?

   Tài guì le, _____, zěnmeyàng?

七 Huìhuà 会话 Conversation

1
A: Qǐngwèn, fùjìn yǒu _____ ma?

B: Yǒu, zài _____.

A: Xièxie nín.

B: _____.

2
A: _____, _____?

B: Bú tài máng. _____?

A: _____.

B: _____?

A: Zuò zuòyè.

B: _____?

A: Jì shēngcí, dú kèwén, xiě Hànzì.

3 A: Nǐ zhǎo shénme ne?

B: _____, wǒ de _____ bú jiàn le.

A: Bié _____, _____ zhǎo le ma?

B: _____.

A: _____ ne?

B: Yě zhǎo le.

A: Nǐ kàn _____ shì shénme?

B: Hāha! Zài zhèr ne.

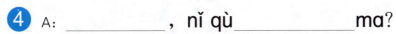

4 A: _____, nǐ qù _____ ma?

B: Wǒ qù _____. _____?

A: Wǒ yě qù shūdiàn.

B: _____?

A: Cháng qù._____?

B: Wǒ mǎi Zhōngwénshū.

5 A: Nǐ zuò shénme ne?

B: Wǒ kàn_____ne.

A: _____?

B: Wǒ kàn Zhōngwénshū.

A: Nǐ yǒu hěn duō Zhōngwénshū ma?

B: Wǒ_____.

Dì-sì kè
第四课
Lesson 4

Jièshào
介绍
INTRODUCTION

一　Yùnmǔ 韵母　Finals

> ia　　ie　　iao　　iou (-iu)
>
> üe　　üan　　ün　　er

二　Shēngmǔ 声母　Initials

> j　　q　　x

（一）j [tɕ] 舌面阻，不送气，清塞擦音。舌面前部贴硬腭前部，舌尖顶下齿背，气流从舌面前部与硬腭间爆发摩擦而出。声带不振动。

j [tɕ] is a palatal unaspirated voiceless affricate. It is produced by first raising the front of the tongue to the hard palate and pressing the tip of the tongue against the back of the lower teeth and then loosening the tongue and letting the air squeeze out through the channel thus made. It is unaspirated. The vocal cords do not vibrate.

j   q

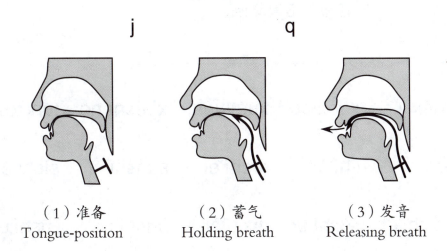

（1）准备　　　　（2）蓄气　　　　（3）发音
Tongue-position　Holding breath　Releasing breath

(二) q [tɕʻ] 舌面阻，送气，溥塞擦音。发音部位与 j 一样，要尽量送气。

q [tɕʻ] is a palatal aspirated voiceless affricate. The position and manner of articulation are the same as those of j. The only difference is that it is aspirated.

(三) x [ɕ] 舌面阻，清擦音。舌面前部与硬腭相近，气流从舌面前部与硬腭间摩擦而出。声带不振动。

x

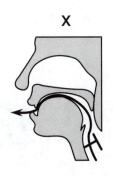

x [ɕ] is a palatal voiceless fricative. It is produced by raising the front of the tongue near (but not touching) the hard palate and letting the air squeeze out. The vocal cords do not vibrate.

Yīnjié 音节 Syllables

xuéxí	xuéxiào	xuéyuàn	xuésheng	tóngxué
èr	shí'èr	èrshí'èr	sānshí'èr	sìshí'èr
wǔshí'èr	liùshí'èr	qīshí'èr	bāshí'èr	jiǔshí'èr
nǎr	qù nǎr	shì nǎr	zhù nǎr	zài nǎr
nàr	qù nàr	shì nàr	zhù nàr	zài nàr

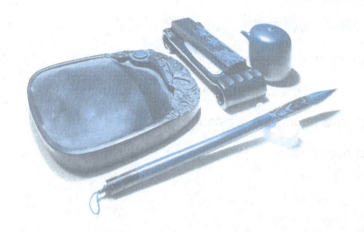

四 Shēngcí 生词 New Words

1. 介绍 动 jièshào to introduce
2. 换 动 huàn to change
3. 百 数 bǎi hundred
4. 千 数 qiān thousand
5. 万 数 wàn ten thousand
6. 听 动 tīng to listen to
7. 都 副 dōu all
8. 录音 动、名 lùyīn to record, sound recording

● 专名 Proper noun

1. 人民币　　Rénmínbì　　Renminbi
2. 日元　　　Rìyuán　　　Yen
3. 美元　　　Měiyuán　　 US dollar
4. 欧元　　　Ōuyuán　　　Euro

五 Duǎnyǔ 短语 Phrases

1

yùxí shēngcí	yùxí kèwén
fùxí shēngcí	fùxí kèwén
xuéxí shēngcí	xuéxí kèwén
liànxí shēngcí	liànxí kèwén

2

hǎo jí le	lèi jí le	kě jí le	jìn jí le
guì jí le	piányi jí le	máng jí le	jǐnzhāng jí le

3

yào chī	yào hē	yào qù	yào mǎi
yào shuō	yào xiě	yào xuéxí	yào liànxí
yào yùxí	yào fùxí	yào zhùyì	yào xiūxi

4

hànyǔ xuéyuàn   wénhuà xuéyuàn

wàiyǔ xuéyuàn   sùchéng xuéyuàn

5

Běijīng Dàxué   Běijīng Yǔyán Dàxué

6

dōu tīng	hái tīng	yě tīng	zài tīng	tīng de
dōu dú	hái dú	yě dú	zài dú	dú de
dōu xiě	hái xiě	yě xiě	zài xiě	xiě de
dōu kàn	hái kàn	yě kàn	zài kàn	kàn de

Jùzi 句子 Sentences

1 Wǒ lái jièshào yíxiàr, zhè wèi shì Wáng Cái, zhè wèi shì Shānběn Zhèng.

2 Wǒmen zài sùshè tīng lùyīn.

3 Hǎo jiǔ bú jiàn le, nǐ shēntǐ zěnmeyàng?

4 Nǐmen xuéxí jǐnzhāng ma?

5 Qǐngwèn, nǐ yě shì Yǔyán Dàxué de xuésheng ma?

6 Wǒ zài wàiyǔ xuéyuàn xuéxí Rìyǔ.

7 Tài hǎo le, yǐhòu qǐng duō bāngzhù.

8 Bié kèqi, wǒmen hùxiāng xuéxí, hùxiāng bāngzhù.

9 Wǒ yào huàn Rénmínbì.

10 Nǐ huàn duōshao?

11 Wǒ huàn yìqiān Měiyuán.

12 Wǒ huàn wǔbǎi Ōuyuán.

七 Huìhuà 会话 Conversation

1 A：Hǎo jiǔ bú jiàn le, nǐ shēntǐ zěnmeyàng?

B：Hěn hǎo, xièxie, nǐ ne?

A：Yě hěn hǎo, nǐmen xuéxí jǐnzhāng ma?

B：Bú tài jǐnzhāng.

A：Hǎo jiǔ bú jiàn le, nǐ shēntǐ zěnmeyàng?

B：_____, xièxie, nǐ ne?

A：_____, nǐmen xuéxí jǐnzhāng ma?

B：_____.

2 A：Wáng Cái, nǐ qù nǎr？

B：Wǒ qù túshūguǎn.

A：Nǐ qù túshūguǎn zuò shénme？

B：Wǒ qù túshūguǎn kàn shū.

A：_____，nǐ qù nǎr？

B：Wǒ qù_____.

A：Nǐ qù_____ zuò shénme？

B：Wǒ qù_____.

3 A：Qǐngwèn，nǐ jiào shénme míngzi?

B：Wǒ jiào Dànèi Shàngzǐ. Nǐ ne?

A：Wǒ jiào Wáng Cái. Rènshi nǐ hěn gāoxìng.

B：Rènshi nǐ wǒ yě hěn gāoxìng.

A：Qǐngwèn，_____?

B：Wǒ jiào_____. Nǐ ne?

A：Wǒ jiào _____. Rènshi_____.

B：_____.

4 A：Nǐ zhù nǎr?

B：Wǒ zhù wǔ lóu èr sān èr. Nǐ ne?

A：Wǒ zhù qī lóu èr èr bā. Yǒu kòngr qù wǒ sùshè wánr.

B：Yě huānyíng nǐ yǒu kòngr qù wǒ sùshè wánr.

A：Nǐ zhù nǎr?

B：_____. Nǐ ne?

A：_____. Yǒu kòngr_____

_____.

B：Yě_____.

Dì-wǔ kè
第五课
Lesson 5

Tán　　Xuéxí
谈学习
TALKING ABOUT STUDYING

一 Shēngcí 生词 New Words

1 谈	动	tán	to talk, to speak
2 慢	形	màn	slow
3 一点儿	数量	yìdiǎnr	a little, a bit
4 遍	量	biàn	*a measure word*
5 字	名	zì	character
6 考试	动、名	kǎoshì	to exam, to test; examination
7 还是	连	háishì	or
8 朗读	动	lǎngdú	to read aloud
9 不同	形	bùtóng	different
10 用法	名	yòngfǎ	use, usage
11 语法	名	yǔfǎ	grammar

● 专名   **Proper noun**

英语   Yīngyǔ   English

Duǎnyǔ 短语　Phrases

1

lǎoshī	jǐnzhāng	měi tiān	hěn duō
yǔyán	wǔshí	jiǔshí	hěn máng
shǒubiǎo	hǎo jiǔ	nǐ hǎo	wǒ yǒu
mǐfàn	hǎokàn	yǐhòu	qǐngwèn

2

māma	gēge	zhuōzi	xiūxi
yéye	míngzi	shénme	jí le
nǎinai	sǎozi	nǐmen	wǒmen
bàba	dìdi	mèimei	kèqi

③

zěnme chī	zěnme lái	zěnme xiě	zěnme bàn
yídìng chī	yídìng lái	yídìng xiě	yídìng bàn
bǐjiào hēi	bǐjiào bái	bǐjiào hǎo	bǐjiào guì

④

yìbiān shuō yìbiān zuò	yìbiān chī yìbiān kàn
yìbiān niàn yìbiān xiě	yìbiān kàn yìbiān xiǎng

⑤

tīng lùyīn de shíhou	jì shēngcí de shíhou
niàn kèwén de shíhou	zuò liànxí de shíhou

⑥

dōu tīng	hái tīng	yě tīng	zài tīng	tīng de
dōu dú	hái dú	yě dú	zài dú	dú de
dōu xiě	hái xiě	yě xiě	zài xiě	xiě de
dōu kàn	hái kàn	yě kàn	zài kàn	kàn de

三 Jùzi 句子　Sentences

1 Qǐng nín màn yìdiǎnr shuō.

   Qǐng nín màn yìdiǎnr _____.

2 Qǐng nín zài shuō yí biān.

   Qǐng nín zài _____ yí biān.

3 Wǒmen zài tīng yí biàn.

   Wǒmen zài _____ yí biàn.

4 Yīngyǔ de "grammar" Hànyǔ zěnme shuō?

   Yīngyǔ de "_____" Hànyǔ zěnme shuō?

5 Zhè ge zì zěnme niàn?

   Zhè ge _____ zěnme _____?

6 Zhè ge cí shì shénme yìsi?

   Zhè ge _____ shì shénme yìsi?

7 Zhè liǎng ge cí de yìsi hé yòngfǎ yǒu shénme bùtóng?

四　Huìhuà 会话 Conversation

1 A：Dànèi，míngtiān qù wǒ jiā wánr hǎo bu hǎo?

B：Nǐ jiā yuǎn ma?

A：Bù yuǎn.

B：Nǐ jiā dōu yǒu shénme rén?

A：Bàba、māma、gēge、jiějie hé wǒ.

B：Hǎo ba，míngtiān qù nǐ jiā.

A: _____ , míngtiān _____?

B: Nǐ jiā yuǎn ma?

A: _____.

B: Nǐ jiā dōu yǒu shénme rén?

A: _____.

B: Hǎo ba, _____.

A: Dànèi zuótiān nǐ qù nǎr le?

B: Tā qù _____ de jiā le.

A: _____ de jiā yuǎn bu yuǎn?

B: _____.

A: _____ de jiā dōu yǒu shénme rén?

B: _____.

2 A: Dīng Lán, zuótiān nǐ qù nǎr le?

B: Wǒ hé Dànèi qù gōngyuán le.

A: Gōngyuán li yǒu shénme?

B: Gōngyuán li yǒu hěn duō huār.

A: Dōu yǒu shénme huār?

B: Hóng de, huáng de, bái de, háiyǒu lán de.

Hǎokàn jí le.

A：＿＿＿＿＿＿＿＿＿＿，zuótiān Dīng Lán qù nǎr le?

B：Tā hé ＿＿＿＿＿＿＿＿＿＿＿＿＿＿．

A：Gōngyuán li yǒu shénme?

B：＿＿＿＿＿＿＿＿＿＿＿＿＿＿．

A：Dōu yǒu shénme huār?

B：＿＿＿＿＿＿＿＿＿＿＿＿＿＿＿．

3 A：Bái lǎoshī, wǒ zhèng xiǎng zhǎo nín ne.

B：Yǒu shìr ma?

A：Wǒmen měi tiān xuéxí yí kè, yǒu nàme duō shēngcí, wǒ jì bu zhù, zěnme bàn ne?

B: Bié zháo jí, jì shēngcí děi zhùyì fāngfǎ.

A: Yòng shénme fāngfǎ hǎo ne?

B: Jì shēngcí de shíhou yào yìbiān niàn yìbiān xiǎng, yìbiān xiě yìbiān zào jù.

A: Wǒ shìshi.

A: Fāng lǎoshī, wǒ zhèng xiǎng zhǎo nín ne.

B: Yǒu shìr ma?

A: Wǒmen měi tiān xuéxí nàme duō yǔyīn hé shēngdiào, wǒ jì bu zhù, zěnme bàn ne?

B: Bié zháo jí, yǔyīn hé shēngdiào děi duō tīng, duō

shuō, duō liàn.

A: Zěnme liàn ne?

B: Yào yìbiān tīng yìbiān shuō, yìbiān xiǎng yìbiān xiě.

A: Wǒ shìshi.

A: _____, wǒ zhèng xiǎng zhǎo_____.

B: _____?

A: _____, _____zěnme bàn ne?

B: Bié zháo jí, _____.

A: _____?

B: _____.

A: Wǒ shìshi.

A: Dànèi, Hànyǔ de fāyīn nán bu nán?

B: Wǒ juéde fāyīn bú tài nán, kěshì shēngdiào hěn nán.

A: Nǐ měi tiān wǎnshang zuò shénme?

B: Wǒ měi tiān wǎnshang liànxí fāyīn hé shēngdiào.

第五课 谈学习

A：Shānběn, zuótiān de kǒushì nán bu nán?

B：Wǒ juéde kǒushì bú tài nán, bǐshì hěn nán.

A：Nǐ měi tiān wǎnshang zuò shénme?

B：Jì shēngcí, xiě Hànzì, tīng lùyīn, zuò liànxí.

A：_____, _____nán bu nán?

B：Wǒ juéde _____.

A：Nǐ měi tiān wǎnshang zuò shénme?

B：_____.

Dì-liù kè
第六课
Lesson **6**

Tán Jiātíng
谈家庭
TALKING ABOUT FAMILY

生词

1	功能	名	gōngnéng	function
2	人口	名	rénkǒu	population
3	职业	名	zhíyè	occupation, profession
4	软件	名	ruǎnjiàn	computer software
5	工程师	名	gōngchéngshī	engineer
6	电脑	名	diànnǎo	computer
7	硬件	名	yìngjiàn	computer hardware
8	表示	动	biǎoshì	to indicate, to express
9	估计	动	gūjì	to estimate, to reckon
10	补充	动	bǔchōng	to add, addition
11	留学	动	liúxué	to study abroad
12	值(班)	动	zhí(bān)	to be on duty (in turn)
13	夜班	名	yèbān	night shift
14	好吃	形	hǎochī	delicious, good to eat

第六课 谈家庭

熟读短语和句子

| 功能 | 功能会话　学习功能会话 |

| 人口 | 北京的人口　中国的人口　谈家庭人口 |

| 职业 | 什么职业　谈职业 |

| 工程师 | 电脑软件工程师　电脑硬件工程师 |

| 电脑 | 一台电脑　买一台电脑　你有电脑吗？ |

| 表示 | 表示估计　表示补充　表示问候 |

| 留学 | 来中国留学　在中国留学　去美国留学　在美国留学　留学生 |

| 值班 | 值夜班　常常值夜班 |

| 好吃 | 很好吃　这个菜很好吃　中国菜很好吃 |

| 工作 | 做什么工作　在哪儿工作　在工厂工作
在学校工作　在医院工作 |

| 发邮件 | 给谁发邮件　给爸爸发邮件　给妈妈发邮件
给朋友发邮件　在宿舍发邮件 |

| 校长 | 大学校长　　中学校长　　小学校长
我爸爸是中学校长。 |

| 公司 | 公司职员　公司经理　在公司工作 |

模仿

（一）功能会话：谈家庭人口

　A：你家有几口人？
B：我家有四口人：爸爸、妈妈、弟弟和我。你家有什么人？
A：我家有奶奶、爸爸、妈妈和我。

B：你想家吗？

A：想。

2 A：你家有几口人？

B：我家是一个大家庭。一共有九口人：爷爷、奶奶、爸爸、妈妈、哥哥、姐姐、弟弟、妹妹还有我。你呢？

A：我家只有妈妈、弟弟和我。

B：你想他们吗？

A：想啊。我最想我妈妈。

A：你家有_____人？

B：有_____。你家呢？

A：我家_____。

B：你想_____吗？

A：_____。

拼音 Pīnyīn

1 A：Nǐ jiā yǒu jǐ kǒu rén?

B：Wǒ jiā yǒu sì kǒu rén: bàba、māma、dìdi hé wǒ. Nǐ jiā yǒu shénme rén?

A：Wǒ jiā yǒu nǎinai、bàba、māma hé wǒ.

B：Nǐ xiǎng jiā ma?

A：Xiǎng.

2 A：Nǐ jiā yǒu jǐ kǒu rén?

B：Wǒ jiā shì yí ge dà jiātíng. Yígòng yǒu jiǔ kǒu rén: yéye、nǎinai、bàba、māma、gēge、jiějie、dìdi、mèimei háiyǒu wǒ. Nǐ ne?

A：Wǒ jiā zhǐyǒu māma, dìdi hé wǒ.

B：Nǐ xiǎng tāmen ma?

A：Xiǎng a. Wǒ zuì xiǎng wǒ māma.

A：Nǐ jiā yǒu_____rén?

B：Yǒu_____. Nǐ jiā ne?

A：Wǒ jiā_____.

B：Nǐ xiǎng_____ma?

A：_____.

(二) 功能会话：谈职业

1 A：你爸爸做什么工作？

B：他是中学校长。

A：你妈妈呢？

B：她是家庭主妇。

A：你哥哥也是学生吗？

B：不是。他是软件工程师，在电脑公司工作。

② A：你姐姐做什么工作？

B：她是医院的大夫。

A：你弟弟呢？

B：他是工人，在工厂工作。

A：你妹妹也是工人吗？

B：不，她是小学老师。

A：你＿＿＿＿＿做什么工作？

B：他是＿＿＿＿＿。他在＿＿＿＿＿工作。

A：你＿＿＿＿＿呢？

B：她是＿＿＿＿＿，在＿＿＿＿＿工作。

A：你＿＿＿＿＿也是＿＿＿＿＿吗？

B：＿＿＿＿＿＿＿＿＿＿＿＿＿＿＿。

 拼音 Pīnyīn

① A：Nǐ bàba zuò shénme gōngzuò?

B：Tā shì zhōngxué xiàozhǎng.

A：Nǐ māma ne?

B: Tā shì jiātíng zhǔfù.

A: Nǐ gēge yě shì xuésheng ma?

B: Bú shì. Tā shì ruǎnjiàn gōngchéngshī, zài diànnǎo gōngsī gōngzuò.

2 A: Nǐ jiějie zuò shénme gōngzuò?

B: Tā shì yīyuàn de dàifu.

A: Nǐ dìdi ne?

B: Tā shì gōngrén, zài gōngchǎng gōngzuò.

A: Nǐ mèimei yě shì gōngrén ma?

B: Bù, tā shì xiǎoxué lǎoshī.

A: Nǐ_____zuò shénme gōngzuò?

B: Tā shì_____. Tā zài_____gōngzuò.

A: Nǐ_____ne?

B: Tā shì_____, zài_____gōngzuò.

A: Nǐ_____yě shì_____ma?

B: _____.

（三）功能会话：表示估计和补充

1 A: 你爸爸常给你写信吗？

B: 常写。

A: 他一定很想你吧。

B: 是的，他和妈妈都很想我。

第六课　谈家庭

❷ A：你哥哥常给你发邮件吗？

B：最近不常发。

A：他工作一定很忙。

B：是的，还有……他最近交了一个女朋友。

A：你_____常给你_____吗？

B：_____。

A：他（她）_____。

B：是的，_____。

 拼音 Pīnyīn

❶ A：Nǐ bàba cháng gěi nǐ xiě xìn ma?

B：Cháng xiě.

A：Tā yídìng hěn xiǎng nǐ ba?

B：Shì de, tā hé māma dōu hěn xiǎng wǒ.

❷ A：Nǐ gēge cháng gěi nǐ fā yóujiàn ma?

B：Zuìjìn bù cháng fā.

A：Tā gōngzuò yídìng hěn máng.

B：Shì de, háiyǒu……tā zuìjìn jiāole yí ge nǚpéngyou.

71

A：Nǐ_____cháng gěi nǐ_____ma?

B：_____.

A：Tā_____.

B：Shì de，_____.

综合练习

（一）完成会话：王才和山本谈话

王才：山本，你想家吗？

山本：_____。

王才：_____？

山本：五口人：_____
_____。你呢？

王才：我家有_____口人：
_____。

山本：你_____做什么工作？

王才：他是_____。你_____呢？

山本：他是_____。

王才：你常给_____吗？

山本：_____。

王才：为什么？

山本：_____。

Wáng Cái: Shānběn, nǐ xiǎng jiā ma?

Shānběn: _____.

Wáng Cái: _____?

Shānběn: Wǔ kǒu rén：_____. Nǐ ne?

Wáng Cái: Wǒ jiā yǒu_____kǒu rén：_____.

Shānběn: Nǐ_____zuò shénme gōngzuò?

Wáng Cái: Tā shì_____. Nǐ_____ne?

Shānběn: Tā shì_____.

Wáng Cái: Nǐ cháng gěi_____ma?

Shānběn: _____.

Wáng Cái: Wèishénme?

Shānběn: _____.

（二）完成会话：王才和山本谈话

山本：今天晚上你做什么？

王才：_____。你呢？

山本：我想_____。

王才：给谁写？是给女朋友写信吗？

山本：不是，给家里。最近我很_____。

王才：他们也常_____吗？

山本：妈妈常写。爸爸_____。他是_____，公司里的事儿很多，他常常不在家。

王才：你明天做什么？

山本：我_____。

Shānběn: Jīntiān wǎnshang nǐ zuò shénme?

Wáng Cái: _____. Nǐ ne?

Shānběn: Wǒ xiǎng_____.

Wáng Cái: Gěi shuí xiě? Shì gěi nǚpéngyou xiě xìn ma?

Shānběn: Bú shì, gěi jiāli. Zuìjìn wǒ hěn_____.

Wáng Cái: Tāmen yě cháng_____ma?

Shānběn: Māma cháng xiě. Bàba_____. Tā shì _____, gōngsī li de shìr hěn duō, tā chángcháng bú zài jiā.

Wáng Cái: Nǐ míngtiān zuò shénme?

Shānběn: Wǒ_____.

（三）成段表达

跟你的朋友谈谈你的家庭。（最好准备一张照片，谈家里有什么人，他们做什么工作，最近忙不忙）

 课后练习

王言的家

王言是中国人，现在在美国留学。最近她很想家。今天她给家里写了一封信。她家有奶奶、爸爸、妈妈，还有一个弟弟。

王言的奶奶是家庭主妇。爸爸是外语学院的副院长，他有很多教学工作。王言的妈妈是一家医院的大夫，每天工作也很忙，常常值夜班，住在医院里。王言的弟弟也是学生，他在北京大学读研究生。

王言想爸爸、妈妈，也想弟弟。她最想奶奶。为什么呢？在家的时候，奶奶常给她做好吃的。

> 拼音

Wáng Yán de Jiā

　　Wáng Yán shì Zhōngguó rén, xiànzài zài Měiguó liúxué. Zuìjìn tā hěn xiǎng jiā. Jīntiān tā gěi jiā li xiě le yì fēng xìn. Tā jiā yǒu nǎinai、bàba、māma, háiyǒu yí ge dìdi.

　　Wáng Yán de nǎinai shì jiātíng zhǔfù. Bàba shì wàiyǔ xuéyuàn de fù yuànzhǎng, tā yǒu hěn duō jiàoxué gōngzuò. Wáng Yán de māma shì yì jiā yīyuàn de dàifu, měitiān gōngzuò yě hěn máng, chángcháng zhí yèbān, zhù zài yīyuàn li. Wáng Yán de dìdi yě shì xuésheng, tā zài Běijīng Dàxué dú yánjiūshēng.

　　Wáng Yán xiǎng bàba, māma, yě xiǎng dìdi. Tā zuì xiǎng nǎinai. Wèi shénme ne? Zài jiā de shíhou, nǎinai cháng gěi tā zuò hǎochī de.

（一）根据短文回答问题

　　1 王言是哪国人？现在在哪儿？
　　2 她现在做什么？
　　3 她家都有什么人？
　　4 王言的爸爸是做什么的？妈妈呢？
　　5 王言的弟弟也是学生吗？
　　6 王言为什么最想她的奶奶？

（二）复述短文

Dì-qī kè 第七课 Lesson 7

Tán Jiàoxuébān
谈教学班
TALKING ABOUT CLASS

生词

1 询问	动	xúnwèn	to ask
2 无	动	wú	to have no
3 表达	动	biǎodá	to indicate, to express
4 想法	名	xiǎngfǎ	idea
5 前边	名	qiánbian	front, in front of
6 离	介	lí	from
7 星期	名	xīngqī	week
8 拼音	动、名	pīnyīn	to spell; phonetic alphabet
9 旁边	名	pángbiān	beside, side, next to
10 请求	动	qǐngqiú	to request
11 手机	名	shǒujī	cellphone, mobilephone
12 自行车	名	zìxíngchē	bicycle
13 借	动	jiè	to borrow, to lend
14 附近	名	fùjìn	nearby

熟读短语和句子

| 询问 | 询问有无　询问看法　询问想法　询问用法
询问职业　询问数量 |

| 表达 | 表达想法　表达看法 |

| 前边 | 学校前边　商店前边　书店前边　宿舍前边 |

| 离 | 离这儿　离那儿　离学校　离家很远
离家很近　那个公园离你家远不远？ |

| 星期 | 星期一　星期二　星期三　星期四　星期五
星期六　星期日　星期天 |

| 拼音 | 汉语拼音　学习拼音　学习汉语拼音 |

| 旁边 | 学校旁边　商店旁边　书店旁边　宿舍旁边 |

| 请求 | 表示请求　请求老师　请求爸爸　请求妈妈 |

| 手机 | 有手机　没有手机　买手机　借手机
你有手机吗？　我用一下你的手机可以吗？ |

| 自行车 | 一辆自行车　有自行车　买一辆自行车
我用一下你的自行车行吗？ |

| 借 | 借书　借手机　借自行车　借钱　借词典
借我看一下 |

| 附近 | 学校附近　我家附近　请问，附近有厕所吗？ |

| 送 | 送你一本词典　送我一个本子　送他一支钢笔
送她一张地图 |

| 认识 | 你认识他吗？　你认识这个汉字吗？
我不认识这个汉字。　认识你很高兴。 |

模仿

（一）功能会话：询问有无、表达想法

1 A：你下午有课吗？
B：有，我刚下课。你想去哪儿？
A：我想去书店看看。
B：我也想去书店买张世界地图。书店离这儿远吗？
A：在学校的前边，离这儿不远。

2 A：你现在有课吗？
B：没有课。你有事儿吗？
A：我想去商店看看，买两支铅笔。
B：我也想买钢笔、本子和一些别的东西。商店离这儿远吗？
A：不远。

A：你_____有课吗？
B：_____。你_____？
A：我想去_____。
B：我也想_____。_____离这儿远吗？
A：_____。

拼音 Pīnyīn

1. A：Nǐ xiàwǔ yǒu kè ma?

   B：Yǒu, wǒ gāng xià kè. Nǐ xiǎng qù nǎr?

   A：Wǒ xiǎng qù shūdiàn kànkan.

   B：Wǒ yě xiǎng qù shūdiàn mǎi zhāng shìjiè dìtú. Shūdiàn lí zhèr yuǎn ma?

   A：Zài xuéxiào de qiánbian, lí zhèr bù yuǎn.

2. A：Nǐ xiànzài yǒu kè ma?

   B：Méiyǒu kè. Nǐ yǒu shìr ma?

   A：Wǒ xiǎng qù shāngdiàn kànkan, mǎi liǎng zhī qiānbǐ.

   B：Wǒ yě xiǎng mǎi gāngbǐ、běnzi hé yìxiē biéde dōngxi. Shāngdiàn lí zhèr yuǎn ma?

   A：Bù yuǎn.

A：Nǐ_____yǒu kè ma?

B：_____. Nǐ_____?

A：Wǒ xiǎng qù_____.

B：Wǒ yě xiǎng_____. _____lí zhèr yuǎn ma?

A：_____.

（二）功能会话：询问有无、表达想法

1 A：请问，有《汉日词典》吗？

B：有。是这种词典吗？

A：不是这种。我要大的《汉日词典》。

B：大的《汉日词典》现在没有。

A：什么时候有？

B：你下星期来看看吧。

2 A：请问，有北京地图吗？

B：有。是这种地图吗？

A：不是这种。我想要有汉语拼音的北京地图。

B：这里没有。

A：哪个书店有？

B：你去学校旁边的书店看看吧。

A：请问，有_____吗？

B：有。是这种_____吗？

A：不是。我想要_____。

B：_____的现在没有。

A：_____有？

B：你_____看看吧。

拼音 Pīnyīn

1 A：Qǐngwèn, yǒu《Hàn-Rì Cídiǎn》ma?

B：Yǒu. Shì zhè zhǒng cídiǎn ma?

A：Bú shì zhè zhǒng. Wǒ yào dà de《Hàn-Rì Cídiǎn》.

B：Dà de《Hàn-Rì Cídiǎn》xiànzài méiyǒu.

A：Shénme shíhou yǒu?

B：Nǐ xià xīngqī lái kànkan ba.

2 A：Qǐngwèn, yǒu Běijīng dìtú ma?

B：Yǒu. Shì zhè zhǒng dìtú ma?

A：Bú shì zhè zhǒng. Wǒ xiǎng yào yǒu Hànyǔ pīnyīn de Běijīng dìtú.

B：Zhèli méiyǒu.

A：Nǎ ge shūdiàn yǒu?

B：Nǐ qù xuéxiào pángbiān de shūdiàn kànkan ba.

A：Qǐngwèn, yǒu_____ma?

B：Yǒu. Shì zhè zhǒng_____ma?

A：Bú shì. Wǒ xiǎng yào_____.

B：_____de xiànzài méiyǒu.

A：_____yǒu?

B：Nǐ_____kànkan ba.

（三）功能会话：询问有无、表示请求

1. A：你有手机吗？

   B：有。

   A：借我用一下儿，可以吗？

   B：可以。

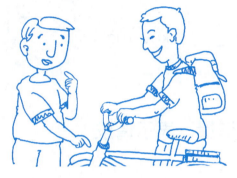

2. A：你有自行车吗？

   B：有。

   A：借我用一下儿行吗？

   B：没问题。

A：你有_____吗？

B：有。

A：借我_____，可以吗？

B：_____。

 拼音 Pīnyīn

1. A：Nǐ yǒu shǒujī ma?

   B：Yǒu.

   A：Jiè wǒ yòng yíxiàr, kěyǐ ma?

   B：Kěyǐ.

2 A：Nǐ yǒu zìxíngchē ma?

B：Yǒu.

A：Jiè wǒ yòng yíxiàr xíng ma?

B：Méi wèntí.

A：Nǐ yǒu_____ma?

B：Yǒu.

A：Jiè wǒ_____，kěyǐ ma?

B：_____.

（四）功能会话：询问有无和数量、表示请求

1 A：你有钢笔吗？

B：有。

A：你有几支钢笔？

B：两支。

A：借我一支行吗？

B：行。

2 A：你有《汉日词典》吗？

B：有。

A：你有几本？

B：一本。

A：借我看一下儿行吗？

B：行。

A：你有_____吗？

B：有。

A：你有_____？

B：_____。

A：_____行吗？

B：行。

 拼音 Pīnyīn

1 A: Nǐ yǒu gāngbǐ ma?

   B: Yǒu.

   A: Nǐ yǒu jǐ zhī gāngbǐ?

   B: Liǎng zhī.

   A: Jiè wǒ yì zhī xíng ma?

   B: Xíng.

2 A: Nǐ yǒu《Hàn Rì Cídiǎn》ma?

   B: Yǒu.

   A: Nǐ yǒu jǐ běn?

   B: Yì běn.

   A: Jiè wǒ kàn yíxiàr xíng ma?

   B: Xíng.

A：Nǐ yǒu_____ma?

B：Yǒu.

A：Nǐ yǒu_____?

B：_____.

A：_____xíng ma?

B：Xíng.

综合练习

（一）完成会话：你（A）在路上遇见一个朋友（B），朋友说去书店买《汉英词典》，你说你有两本。

A：_____，今天没有课呀？

B：有啊。我刚_____。你去哪儿？

A：我去_____看看有没有新书。

B：书店离这儿远吗？

A：_____。

B：我想_____。

A：_____我有两本呢，你别买了，我_____。

B：_____。

A：都是朋友，谢什么！

A：_____，jīntiān méiyǒu kè ya?

B：Yǒu a. Wǒ gāng_____. Nǐ qù nǎr?

A：Wǒ qù_____kànkan yǒu méiyǒu xīn shū.

B：Shūdiàn lí zhèr yuǎn ma? Wǒ xiǎng_____.

A：_____wǒ yǒu liǎng běn ne，nǐ bié mǎi le，wǒ _____.

B：_____.

A：Dōu shì péngyou，xiè shénme!

（二）完成会话：你跟朋友谈谈你的班

A：你在哪个系？

B：_____。

A：几班？

B：_____班。

A：你们班有几个老师？

B：_____。____个男老师，____个女老师。

A：有多少学生？

B：_____。_____个男同学，_____个女同学。

A：_____是你们班的吧？

B：是。你认识他？

A：认识。我还认识_____。

A：Nǐ zài nǎ ge xì?

B：_____.

A：Jǐ bān?

B：_____bān.

A：Nǐmen bān yǒu jǐ ge lǎoshī?

B：_____. _____ge nán lǎoshī, _____ge nǚ lǎoshī.

A：Yǒu duōshao xuésheng?

B：_____. _____ge nán tóngxué, _____ge nǚ tóngxué.

A：_____shì nǐmen bān de ba?

B：Shì. Nǐ rènshi ta?

A：Rènshi. Wǒ hái rènshi _____.

 课后练习

艾米去外文书店买词典

星期天艾米没有课。她想去外文书店看看,可是她不认识路。她遇见了一个中国人。艾米问:"劳驾,你知道不知道外文书店在哪儿?"

这个人不是北京人。她说:"对不起,我也不知道。"艾米又去问别人。有个人告诉她:"外文书店离这儿不太远,在商店的附近。"

艾米来到外文书店。这个书店外文书很多。艾米想买一本《英汉小词典》,可是现在没有。她问营业员什么时候有。营业员说:"你下星期来看看吧。"

拼音

Àimǐ Qù Wàiwén Shūdiàn Mǎi Cídiǎn

Xīngqītiān Àimǐ méiyǒu kè. Tā xiǎng qù wàiwén shūdiàn kànkan, kěshì tā bú rènshi lù. Tā yùjiàn le yí ge Zhōngguórén. Àimǐ wèn:"Láojià, nǐ zhīdào bù zhīdào wàiwén shūdiàn zài nǎr?"

Zhè ge rén bú shì Běijīngrén. Tā shuō:"Duìbuqǐ, wǒ yě bù zhīdào." Àimǐ yòu qù wèn biérén. Yǒu ge rén gàosu tā:"Wàiwén shūdiàn lí zhèr bú tài yuǎn, zài shāngdiàn de fùjìn."

Àimǐ láidào wàiwén shūdiàn. Zhè ge shūdiàn wàiwén shū hěn duō. Àimǐ xiǎng mǎi yì běn《Hàn-Yīng Xiǎo Cídiǎn》, kěshì xiànzài méiyǒu. Tā wèn yíngyèyuán shénme shíhou yǒu. Yíngyèyuán shuō:"Nǐ xià xīngqī lái kànkan ba."

（一）根据短文回答问题

1 星期天艾米有课吗？
2 她想去哪儿？
3 她认识路吗？
4 她遇到什么人？她问什么？
5 第一个人是北京人吗？她回答什么？
6 第二个人告诉艾米什么？
7 外文书店怎么样？
8 艾米想买什么书？现在有吗？
9 营业员告诉艾米什么？

（二）复述短文

Dì-bā kè
第八课
Lesson
8

Yùdìng Fángjiān
预定房间
BOOKING A ROOM

生词

1	愿望	名	yuànwàng	wish, desire, hope
2	朝	动、介	cháo	face, towards
3	南	名	nán	south
4	性状	名	xìngzhuàng	shape and properties
5	特点	名	tèdiǎn	distinguishing feature
6	水	名	shuǐ	water
7	宾馆	名	bīnguǎn	hotel
8	餐厅	名	cāntīng	dinning hall
9	早餐	名	zǎocān	breakfast
10	免费	形	miǎnfèi	free
11	价钱	名	jiàqian	price
12	讨价还价		tǎo jià huán jià	to bargain, haggle
13	校内	名	xiàonèi	inside the campus
14	出租车	名	chūzūchē	taxi

第八课 预定房间

（一）熟读短语和句子

| 愿望 | 表达愿望　你有什么愿望？　你的愿望是什么？ |

| 朝 | 朝阳　朝南　朝北　朝东　朝西　朝上　朝下
朝里　朝外　朝前　朝后　朝左　朝右 |

| 性状 | 询问性状　房间的性状 |

| 餐厅 | 去餐厅　去餐厅吃饭　在餐厅吃饭
餐厅在二层 |

| 早餐 | 午餐　晚餐 |

| 免费 | 早餐免费　早餐是免费的。 |

| 价钱 | 询问价钱　价钱便宜　价钱很贵 |

| 讨价还价 | 会讨价还价　学习讨价还价　可以讨价还价 |

| 校内 | 校外　住在校内　校内有商店　校内有食堂　校内有书店 |

| 出租车 | 坐出租车 |

| 服务 | 为你们服务　为我们服务　为学生服务　为老师和学生服务　为我们的国家服务 |

（二）用"冷"、"热"、"凉快"、"暖和"填空，然后问答

北京的夏天很_____，冬天很_____，春天比较_____，秋天比较_____。

我的房间有空调和暖气，夏天不_____，很_____；冬天不_____，比较_____。

拼音

Běijīng de xiàtiān hěn_____, dōngtiān hěn_____, chūntiān bǐjiào_____, qiūtiān bǐjiào_____.

Wǒ de fángjiān yǒu kōngtiáo hé nuǎnqì, xiàtiān bú____, hěn_____; dōngtiān bù_____, bǐjiào_____.

第八课 预定房间

模仿

（一）功能会话：表达想法和愿望

1. A：您好！小姐。
   B：您好！先生。我想预订一个房间。
   A：您要什么样儿的房间？
   B：一个单间儿，最好是5层以下的。

2. A：您好！
   B：您好！我想预订一个房间。
   A：您要什么样儿的房间？
   B：一个双人间，最好是朝南的。

A：您好！_____。

B：您好！我想_____。

A：您要_____？

B：_____。

拼音 Pīnyīn

① A：Nín hǎo! Xiǎojie.

B：Nín hǎo! Xiānsheng. Wǒ xiǎng yùdìng yí ge fángjiān.

A：Nín yào shénme yàngr de fángjiān?

B：Yí ge dānjiānr, zuìhǎo shì wǔ céng yǐxià de.

② A：Nín hǎo!

B：Nín hǎo! Wǒ xiǎng yùdìng yí ge fángjiān.

A：Nín yào shénme yàngr de fángjiān?

B：Yí ge shuāngrén jiān, zuìhǎo shì cháo nán de.

A：Nín hǎo! _____.

B：Nín hǎo! Wǒ xiǎng_____.

A：Nín yào_____?

B：_____.

（二）功能会话：询问性状和特点

1. A：房间大吗？
   B：比较大。
   A：好。夏天房间里热不热？
   B：夏天有空调，冬天有暖气，不冷不热。
   A：太好了。

2. A：房间里有热水吗？
   B：有，24小时都有热水。
   A：太好了。宾馆有没有餐厅？
   B：有。餐厅在2层。早餐是免费的。
   A：知道了。谢谢！

A：房间里有_____吗？
B：_____。
A：太好了。_____？
B：_____。
A：_____。

拼音 Pīnyīn

1 A：Fángjiān dà ma?

B：Bǐjiào dà.

A：Hǎo. Xiàtiān fángjiān li rè bu rè?

B：Xiàtiān yǒu kōngtiáo, dōngtiān yǒu nuǎnqì, bù lěng bú rè.

A：Tài hǎo le.

2 A：Fángjiān li yǒu rèshuǐ ma?

B：Yǒu, èrshísì xiǎoshí dōu yǒu rèshuǐ.

A：Tài hǎo le. Bīnguǎn yǒu méiyǒu cāntīng?

B：Yǒu. Cāntīng zài èr céng. Zǎocān shì miǎnfèi de.

A：Zhīdao le. Xièxie!

A：Fángjiān li yǒu _____ ma?

B：_____.

A：Tài hǎo le. _____?

B：_____.

A：_____.

（三）功能会话：询问价钱、讨价还价

1. A：住一天多少钱？
   B：200元。
   A：我想住20周。便宜点儿，可以吗？
   B：一天180元吧。

2. A：住一天多少钱？
   B：20美元。
   A：我住3个月。便宜点儿，行吗？
   B：行，19美元吧。

A：住一天多少钱？
B：_____。
A：我住_____。便宜点儿，行吗？
B：_____。

 拼音 Pīnyīn

1. A: Zhù yì tiān duōshao qián?
   B: Èrbǎi yuán.

A：Wǒ xiǎng zhù èrshí zhōu. Piányi diǎnr, kěyǐ ma?

B：Yì tiān yī bǎi bā shí ba.

 A：Zhù yì tiān duōshao qián?

B：Èrshí měiyuán.

A：Wǒ zhù sān ge yuè. Piányi diǎnr, xíng ma?

B：Xíng, shíjiǔ měiyuán ba.

A：Zhù yì tiān duōshao qián?

B：_____.

A：Wǒ zhù _____. Piányi diǎnr, xíng ma?

B：_____.

综合练习

（一）完成会话：王才和山本谈房间

王才：你不住在校内吧？

山本：是的。我住_____。

王才：你为什么住那儿呢？

山本：校内_____。我就喜欢一个人住。

第八课 预定房间

王才： 那儿的房间一定很贵吧？

山本： 比较贵。住一天_____元。

王才： 房间怎么样？

山本： 房间_____，冬天_____，夏天_____，不冷也不热。

王才： 离这儿远不远？

山本： _____。我每天_____来上课。

Wáng Cái： Nǐ bú zhù zài xiàonèi ba?

Shānběn： Shì de. Wǒ zhù_____.

Wáng Cái： Nǐ wèi shénme zhù nàr ne?

Shānběn： Xiàonèi_____. Wǒ jiù xǐhuan yí ge rén zhù.

Wáng Cái： Nàr de fángjiān yídìng hěn guì ba?

Shānběn： Bǐjiào guì. Zhù yì tiān_____yuán.

Wáng Cái： Fángjiān zěnmeyàng?

Shānběn： Fángjiān_____, dōngtiān_____, xiàtiān _____, bù lěng yě bú rè.

Wáng Cái： Lí zhèr yuǎn bu yuǎn?

Shānběn： _____. Wǒ měitiān_____lái shàng kè.

（二）完成会话：金汉成在一家宾馆预订房间

金汉成：小姐，我想_____两个房间。

服务员：您要_____的房间？

金汉成：两个_____房间，有吗？

服务员：有。一层行吗？

金汉成：_____层有吗？

最好是_____层。

服务员：对不起，_____层没有了，四层还有两间。

金汉成：四层也可以。

服务员：您_____？

金汉成：后天。住一天_____？

服务员：您住_____？

金汉成：_____周。

服务员：_____一天。

金汉成：_____，可以吗？

服务员：_____吧。

金汉成：行，就_____吧。后天见！

服务员：后天见！

Jīn Hànchéng: Xiǎojie, wǒ xiǎng_____liǎng ge fángjiān.

Fúwùyuán: Nín yào_____de fángjiān?

Jīn Hànchéng: Liǎng ge_____fángjiān, yǒu ma?

Fúwùyuán: Yǒu. Yī céng xíng ma?

Jīn Hànchéng: _____céng yǒu ma? Zuìhǎo shì_____céng.

Fúwùyuán: Duìbuqǐ, _____céng méiyǒu le, sì céng hái yǒu liǎng jiān.

Jīn Hànchéng: Sì céng yě kěyǐ.

Fúwùyuán: Nín_____?

Jīn Hànchéng: Hòutiān, zhù yì tiān_____?

Fúwùyuán: Nín zhù_____?

Jīn Hànchéng: _____zhōu.

Fúwùyuán: _____yì tiān.

Jīn Hànchéng: _____, kěyǐ ma?

Fúwùyuán: _____ba.

Jīn Hànchéng: Xíng, jiù_____ba. Hòutiān jiàn!

Fúwùyuán: Hòutiān jiàn!

（三）成段表达

把上面的对话改成叙述。

大卫的家

大卫是美国人。他不住在校内。他爸爸妈妈在北京工作。他和爸爸妈妈一起住在宾馆。他宾馆家的房子很大，有空调和暖气，夏天不热，冬天不冷。不过，他家离学校比较远，大卫每天得坐出租车来学校。还有，他家的房子也很贵，住一个月要付3000美元。

拼音

Dàwèi de Jiā

Dàwèi shì Měiguórén. Tā bú zhù zài xiàonèi. Tā bàba māma zài Běijīng gōngzuò. Tā hé bàba māma yìqǐ zhù zài bīnguǎn. Tā bīnguǎn jiā de fángzi hěn dà, yǒu kōngtiáo hé nuǎnqì, xiàtiān bú rè, dōngtiān bù lěng. Búguò, tā jiā lí xuéxiào bǐjiào yuǎn, Dàwèi měi tiān děi zuò chūzūchē lái xuéxiào. Háiyǒu, tā jiā de fángzi yě hěn guì, zhù yí ge yuè yào fù 3000 Měiyuán.

（一）根据短文回答问题

1 大卫是哪国人？
2 他为什么不住在校内？
3 他家的房子怎么样？
4 他家离学校远不远？
5 他每天怎么来学校？
6 他家的房子贵不贵？
7 住一个月付多少钱？

（二）复述短文

Dì-jiǔ kè
第九课
Lesson 9

Jiāohuàn Fǔdǎo
交换辅导
EXCHANGE COACHING

生词

1	同意	动	tóngyì	to agree
2	婉言	名	wǎnyán	a tactful expression
3	拒绝	动	jùjué	to refuse
4	上网		shàng wǎng	to surf the net
5	玩儿	动	wánr	to play
6	游戏	名	yóuxì	game
7	经验	名	jīngyàn	experience
8	商量	动	shāngliàng	to consult, to discuss
9	可能	助动	kěnéng	perhaps, maybe, probably
10	留学生	名	liúxuéshēng	foreign student who studies abroad
11	努力	形	nǔlì	to make an effort
12	不错	形	búcuò	not bad

● 专名   Proper noun

1	于大年	Yú Dànián	name of a person
2	德国	Déguó	Germany

第九课 交换辅导

（一）熟读短语和句子

| 同意 | 表示同意 你同意吗？ 你同意我的看法吗？ |

| 拒绝 | 婉言拒绝 拒绝他的请求 |

| 上网 | 每天上网 喜欢上网 上网玩儿游戏
教我上网 上网发邮件 |

| 玩儿 | 玩儿游戏 去公园玩儿 在宿舍玩儿游戏 |

| 经验 | 有经验 没有经验 有辅导的经验
有教汉语的经验 |

| 商量 | 商量辅导的时间 商量辅导的地点
商量去哪儿玩儿 跟老师商量 跟朋友商量
跟同学商量 |

| 可能 | 今天可能下雨。 他可能不来了。
我下午可能不在家。 他们最近可能很忙。 |

| 努力 | 努力学习 努力工作 他学习很努力。
他们工作非常努力。 |

| 不错 | 发音不错　声调不错　这种方法不错。
他的房间不错。　这本词典不错。 |

| 教 | 教汉语　教听力　教口语　王老师教我们汉语。 |

| 懂 | 懂英语　　懂日语　　听懂了
开始的时候不懂，现在懂了。 |

| 辅导 | 辅导我汉语　辅导他日语　交换辅导
辅导老师 |

| 开始 | 开始上课　开始辅导　什么时候开始辅导？
明天开始辅导。 |

（二）用"最近"和"最好"填空

_____我可能去上海，你_____跟我一起去。你_____去看看丁兰，她_____身体不太好。

拼音

_____wǒ kěnéng qù Shànghǎi, nǐ_____gēn wǒ yìqǐ qù. Nǐ_____qù kànkan Dīng Lán, tā_____shēntǐ bú tài hǎo.

第九课　交换辅导

 模仿

（一）功能会话：表示请求、同意和婉言拒绝

1. A：王老师，您最近忙不忙？
   B：不太忙。你有什么事？
   A：我想请您辅导我汉语。
   B：可以。

2. A：小王，你最近忙不忙？
   B：很忙。有事吗？
   A：我想请你教我上网玩儿游戏。
   B：对不起，我最近没有时间。

A：_____，您最近_____？

B：_____。你有什么事？

A：我想请_____。

B：_____。

拼音 Pīnyīn

1. A：Wáng lǎoshī, nín zuìjìn máng bu máng?
   B：Bú tài máng. Nǐ yǒu shénme shì?
   A：Wǒ xiǎng qǐng nín fǔdǎo wǒ Hànyǔ.
   B：Kěyǐ.

2. A：Xiǎo wáng, nǐ zuìjìn máng bu máng?
   B：Hěn máng. Yǒu shì ma?
   A：Wǒ xiǎng qǐng nǐ jiāo wǒ shàng wǎng wánr yóuxì.
   B：Duìbuqǐ, wǒ zuìjìn méiyǒu shíjiān.

A：_____, nín zuìjìn_____?
B：_____. Nǐ yǒu shénme shì?
A：Wǒ xiǎng qǐng_____.
B：_____.

（二）功能会话：表示请求和愿望

1. A：您帮我找一位辅导老师，可以吗?
   B：可以。你想找什么样儿的?
   A：最好是发音好的北京人，懂日语更好。

北京人、懂日语、发音好

B：找年轻的还是年纪大的？

A：都行。

2 A：您帮我介绍一位辅导老师，行吗？

B：行。你想找什么样儿的？

A：最好是有辅导经验的，会说英语的更好。

B：找女老师还是男老师？

A：男老师。

A：您帮我_____，_____吗？

B：_____。你想找什么样儿的？

A：最好是_____，_____更好。

B：找_____还是_____？

A：_____。

 拼音 Pīnyīn

1 A: Nín bāng wǒ zhǎo yí wèi fǔdǎo lǎoshī, kěyǐ ma?

B: Kěyǐ. Nǐ xiǎng zhǎo shénme yàngr de?

A: Zuìhǎo shì fāyīn hǎo de Běijīngrén, dǒng Rìyǔ gèng hǎo.

B：Zhǎo niánqīng de háishi niánji dà de?

A：Dōu xíng.

② A：Nín bāng wǒ jièshào yí wèi fǔdǎo lǎoshī, xíng ma?

B：Xíng. Nǐ xiǎng zhǎo shénme yàngr de?

A：Zuìhǎo shì yǒu fǔdǎo jīngyàn de, huì shuō Yīngyǔ de gèng hǎo.

B：Zhǎo nǚ lǎoshī háishi nán lǎoshī?

A：Nán lǎoshī.

A：Nín bāng wǒ_____, _____ma?

B：_____. Nǐ xiǎng zhǎo shénme yàngr de?

A：Zuìhǎo shì _____, _____gèng hǎo.

B：Zhǎo_____háishi_____?

A：_____.

（三）功能会话：表示商量、同意和不同意

① A：请问，什么时候开始辅导？

B：哪天开始都行。你想练习发音还是学习语法？

A：先练发音吧。周二、周四下午在我的宿舍辅导，可以吗？

B：去宿舍不太方便，去教室吧。

A：好吧。

第九课 交换辅导

2 A：请问，什么时候开始辅导？

B：后天就开始吧。你想练习听力还是口语？

A：我想练习听力。周一、周四下午一点到三点，行吗？

B：一点到三点不太方便，两点到四点吧。

A：行。

A：请问，什么时候开始辅导？

B：_____。你想_____还是_____？

A：_____。_____，可以吗？

B：_____不太方便，_____吧。

A：_____。

 拼音 Pīnyīn

1 A：Qǐngwèn, shénme shíhou kāishǐ fǔdǎo?

B：Nǎ tiān kāishǐ dōu xíng. Nǐ xiǎng liànxí fāyīn háishi xuéxí yǔfǎ?

A：Xiān liànxí fāyīn ba. Zhōu'èr、zhōusì xiàwǔ zài wǒ de

sùshè fǔdǎo, kěyǐ ma?

B: Qù sùshè bú tài fāngbiàn, qù jiàoshì ba.

A: Hǎo ba.

② A: Qǐngwèn, shénme shíhou kāishǐ fǔdǎo?

B: Hòutiān jiù kāishǐ ba. Nǐ xiǎng liànxí tīnglì háishi kǒuyǔ?

A: Wǒ xiǎng liànxí tīnglì. Zhōuyī、zhōusì xiàwǔ yì diǎn dào sān diǎn, xíng ma?

B: Yì diǎn dào sān diǎn bú tài fāngbiàn, liǎng diǎn dào sì diǎn ba.

A: Xíng.

A: Qǐngwèn, shénme shíhou kāishǐ fǔdǎo?

B: _____. Nǐ xiǎng_____ háishi_____?

A: _____. _____, kěyǐ ma?

B: _____ bú tài fāngbiàn, _____ ba.

A: _____.

 综合练习

（一）完成会话：课后在教室里，艾米请白华辅导

艾米：白老师，您最近忙吗？

第九课　交换辅导

白华：_____？

艾米：我想请您_____。

白华：对不起，_____。我给你介绍一位老师，行吗？

艾米：_____。

白华：你想找_____？

艾米：最好是_____。

白华：找男老师还是_____？

艾米：_____。

白华：我明天告诉你吧。

艾米：好，谢谢您。

Àimǐ：Bái lǎoshī, nín zuìjìn máng ma?

Bái Huá：_____?

Àimǐ：Wǒ xiǎng qǐng nín_____.

Bái Huá：Duìbuqǐ, _____. Wǒ gěi nǐ jièshào yí wèi lǎoshī, xíng ma?

Àimǐ：_____.

Bái Huá：Nǐ xiǎng zhǎo_____?

Àimǐ：Zuìhǎo shì_____.

Bái Huá：Zhǎo nán lǎoshī háishi _____?

119

Àimǐ: _____.

Bái Huá: Wǒ míngtiān gàosu nǐ ba.

Àimǐ: Hǎo, xièxie nín.

（二）完成会话：第二天课后，白华去教室找艾米

白华：艾米，我帮你找到一位老师。

艾米：太谢谢您了，是_____还是_____？

白华：一个年轻的男老师。

艾米：_____？

白华：姓张，一张地图的张。

艾米：我叫他_____，行吗？

白华：可以。今天晚上你在_____吗？

艾米：在。

白华：我和_____去_____。

艾米：行。你们最好_____去，下午我可能出去。

Bái Huá: Àimǐ, wǒ bāng nǐ zhǎodào yí wèi lǎoshī.

Àimǐ: Tài xièxie nín le, shì_____háishi_____？

Bái Huá: Yí ge niánqīng de nán lǎoshī.

Àimǐ: _____？

Bái Huá: Xìng Zhāng, yì zhāng dìtú de zhāng.

Àimǐ: Wǒ jiào tā_____, xíng ma?

Bái Huá: Kěyǐ. Jīntiān wǎnshang nǐ zài_____ma?

Àimǐ: Zài.

Bái Huá: Wǒ hé_____qù_____.

Àimǐ: Xíng. Nǐmen zuìhǎo_____qù, xiàwǔ wǒ kěnéng chūqu.

（三）完成会话：晚上白华和张老师去艾米的宿舍

白　华：我来介绍一下儿，这位是_____。她叫_____，我的学生。

艾　米：_____！

张老师：_____！

白　华：我还有点儿事儿，你们谈吧。再见！

艾　米：再见，白老师。

张老师：你是想练习发音还是_____？

艾　米：我想_____。

张老师：每周_____？

艾　米：_____。

张老师：每次_____？

艾　米：_____，行吗？

张老师：_____。时间呢？

艾　米：_____，在_____，怎么样？

张老师：_____不太方便，去_____吧。

艾　米：可以。每小时付_____，行吗？

张老师：_____。什么时候_____？

艾　米：_____吧。

张老师：好的。_____见。

艾　米：_____见。

Bái Huá：Wǒ lái jièshào yíxiàr, zhè wèi shì_____. Tā jiào_____, wǒ de xuésheng.

Àimǐ：_____!

Zhāng lǎoshī：_____!

Bái Huá：Wǒ hái yǒudiǎnr shìr, nǐmen tán ba. Zàijiàn!

Àimǐ：Zàijiàn, Bái lǎoshī.

Zhāng lǎoshī：Nǐ shì xiǎng liànxí fāyīn háishi_____?

Àimǐ：Wǒ xiǎng_____.

Zhāng lǎoshī：Měi zhōu _____?

Àimǐ: _____.

Zhāng lǎoshī: Měi cì_____?

Àimǐ: _____, xíng ma?

Zhāng lǎoshī: _____. Shíjiān ne?

Àimǐ: _____, zài_____, zěnmeyàng?

Zhāng lǎoshī: _____bú tài fāngbiàn, qù_____ba.

Àimǐ: Kěyǐ. Měi xiǎoshí fù_____, xíng ma?

Zhāng lǎoshī: _____. Shénme shíhou_____?

Àimǐ: _____ ba.

Zhāng lǎoshī: Hǎo de_____jiàn.

Àimǐ: _____jiàn.

 课后练习

于大年和谢老师交换辅导

于大年是德国留学生。他学习很努力。可是现在到了语法阶段，他的发音和声调还不太好。他很着急，想请周老师辅导。周老师最近很忙，没有时间。于大年请周老师帮他介绍一个懂德语的老师。周老师给他介绍了谢老师。

谢老师是北京人，发音很好。谢老师想练习德语。她跟于大年交换辅导，每周两次，每次两个小时。他们第一个小时练习说汉语，第二个小时练习说德语。大年觉得这种辅导方法不错。他很高兴。

拼音

Yú Dànián Hé Xiè Lǎoshī Jiāohuàn Fǔdǎo

Yú Dànián shì Déguó liúxuéshēng. Tā xuéxí hěn nǔlì. Kěshì xiànzài dàole yǔfǎ jiēduàn, tā de fāyīn hé shēngdiào hái bú tài hǎo. Tā hěn zháojí, xiǎng qǐng Zhōu lǎoshī fǔdǎo. Zhōu lǎoshī zuìjìn hěn máng, méiyǒu shíjiān. Yú Dànián qǐng Zhōu lǎoshī bāng tā jièshào yí ge dǒng Déyǔ de lǎoshī. Zhōu lǎoshī gěi tā jièshào le Xiè lǎoshī. Xiè lǎoshī shì Běijīngrén, fāyīn hěn hǎo. Xiè lǎoshī xiǎng liànxí Déyǔ. Tā gēn Yú Dànián jiāohuàn fǔdǎo, měi zhōu liǎng cì, měi cì liǎng ge xiǎoshí. Tāmen dì yī ge xiǎoshí liànxí shuō Hànyǔ, dì èr ge xiǎoshí liànxí shuō Déyǔ. Dànián juéde zhè zhǒng fǔdǎo fāngfǎ búcuò. Tā hěn gāoxìng.

(一)根据短文回答问题

1 现在于大年为什么很着急？

2 请你介绍一下周老师。

3 请你介绍一下谢老师。

4 请你介绍一下于大年和谢老师怎么交换辅导？

(二)复述短文

**Dì-shí kè
第十课
Lesson 10**

Tán Xuéxí Mùdì
谈学习目的
TALKING ABOUT PURPOSE OF STUDY

生词

1	笔画	名	bǐhuà	stroke
2	笔顺	名	bǐshùn	stroke order
3	应该	副	yīnggāi	shoud, ought
4	打算	动	dǎsuàn	to plan
5	考	动	kǎo	to test, to exam
6	遇到	动	yùdào	to come across, to meet, to run into
7	遇见	动	yùjiàn	to meet with
8	花	动	huā	to spend, to cost
9	学士	名	xuéshì	scholar
10	硕士	名	shuòshì	master
11	博士	名	bóshì	doctor
12	上班		shàng bān	go to work

第十课　谈学习目的

（一）熟读短语和句子

| 笔画 | 汉字的笔画　注意笔画　注意笔画和笔顺 |

| 应该 | 应该努力学习　应该多写多练　应该练习声调
应该准备考试　应该给爸爸妈妈发邮件 |

| 打算 | 学习结束以后你打算做什么？
学习结束以后你打算去哪儿旅行？
星期天你有什么打算？
我打算在中国教英语。 |

| 考 | 考大学　考研究生　考听力　考口语 |

| 遇到 | 遇到一个问题　　遇到很多生词
在学校门口遇到一个朋友
在公园遇到一个同学 |

| 遇见 | 在商店遇见王老师　在路上遇见艾米
在图书馆遇见贝拉　在上海遇见山本正 |

| 花 | 花时间　花很多时间　花钱　花多少钱？
我今天花了500块。 |

| 学士 | 在北京读学士 |

| 硕士 | 在韩国读硕士　硕士研究生 |

| 博士 | 在美国读博士　博士研究生 |

| 上班 | 上午学习下午上班　你在哪儿上班？
我在公司上班。 |

（二）用括号中的词语完成句子

1. 昨天我在商店_____。（遇见）

2. 去上海旅行的时候，我_____。（遇到）

3. 学习结束以后，去哪儿旅行我还_____。（考虑）

4. 学习结束以后，你_____？（准备）

5. 我来这儿的目的是学习汉语，_____。（了解）

6. 我对中国文化有兴趣，想_____。（进行）

7. 要是爸爸还给我钱，我想_____。（考）

8. 要是你对经商不感兴趣，_____。（当）

（三）用括号中的词语改写句子

1. 我们都觉得汉字很难。（认为）
2. 白老师跟同学们在宿舍谈话。（聊天儿）
3. 我买自行车用了300元。（花）
4. 学习结束以后我想去南方旅行。（准备）
5. 记生词得注意方法。（应该）
6. 李明每天下午去公司工作。（上班）

 模仿

（一）功能会话：表达看法和感谢

1 A：你最近进步很快。

B：是吗？这得感谢你的帮助。

A：不过你的发音和声调还有点儿问题。

B：对，特别是声调，我觉得声调很难。

A：那我们以后应该多多练习声调。

2 A：你最近进步很大。

B：是吗？这要感谢老师的帮助。

A：不过你的汉字还不太好。

B：是，特别是笔画多的汉字，我常常记不住。

A：那你应该多写、多练，写的时候要注意笔画和笔顺。

A：你最近_____。

B：是吗？这要感谢_____。

A：不过_____。

B：是啊，特别是_____。

A：那你应该_____。

拼音 Pīnyīn

1 A：Nǐ zuìjìn jìnbù hěn kuài.

B：Shì ma? Zhè děi gǎnxiè nǐ de bāngzhù.

A：Búguò nǐ de fāyīn hé shēngdiào hái yǒudiǎnr wèntí.

B：Duì, tèbié shì shēngdiào, wǒ juéde shēngdiào hěn nán.

A：Nà wǒmen yǐhòu yīnggāi duōduō liànxí shēngdiào.

② A：Nǐ zuìjìn jìnbù hěn dà.

B：Shì ma? Zhè yào gǎnxiè lǎoshī de bāngzhù.

A：Búguò nǐ de Hànzì hái bú tài hǎo.

B：Shì, tèbié shì bǐhuà duō de Hànzì, wǒ chángcháng jì bu zhù.

A：Nà nǐ yīnggāi duō xiě、duō liàn, xiě de shíhou yào zhùyì bǐhuà hé bǐshùn.

A：Nǐ zuìjìn_____.

B：Shì ma? Zhè yào gǎnxiè_____.

A：Búguò_____.

B：Shì a, tèbié shì_____.

A：Nà nǐ yīnggāi_____.

（二）功能会话：询问目的和打算

① A：你为什么学汉语？

B：我想当翻译。

A：你不想经商吗？

B：我对经商没有兴趣。

我对经商没有兴趣

② A：你为什么学汉语？

B：因为我喜欢旅行。

A：你准备去哪儿旅行？

B：我还没想好。

A：你为什么_____？

B：因为我_____。

A：你准备_____？

B：我_____。

拼音 Pīnyīn

1 A: Nǐ wèi shénme xué Hànyǔ?

B: Wǒ xiǎng dāng fānyì.

A: Nǐ bù xiǎng jīng shāng ma?

B: Wǒ duì jīng shāng méiyǒu xìngqù.

2 A: Nǐ wèi shénme xué Hànyǔ?

B: Yīnwèi wǒ xǐhuan lǚxíng.

A: Nǐ zhǔnbèi qù nǎr lǚxíng?

B: Wǒ hái méi xiǎnghǎo.

A: Nǐ wèi shénme_____?

B: Yīnwèi wǒ_____.

A: Nǐ zhǔnbèi_____?

B: Wǒ_____.

（三）功能会话：询问打算

1. A：我有个问题想问问你。

   B：什么问题？你说吧。

   A：学习结束以后你准备做什么？

   B：要是公司还给我钱，我想考研究生。

2. A：我有件事想问问你。

   B：什么事？你说吧。

   A：学习完了以后你想做什么？

   B：这个问题我还没考虑。

A：我有_____想问问你。

B：什么_____？你说吧。

A：_____以后你准备_____？

B：_____。

拼音 Pīnyīn

1. A: Wǒ yǒu ge wèntí xiǎng wènwen nǐ.

   B: Shénme wèntí? Nǐ shuō ba.

A：Xuéxí jiéshù yǐhòu nǐ zhǔnbèi zuò shénme?

B：Yàoshi gōngsī hái gěi wǒ qián, wǒ xiǎng kǎo yánjiūshēng.

② A：Wǒ yǒu jiàn shì xiǎng wènwen nǐ.

B：Shénme shì? Nǐ shuō ba.

A：Xuéxí wán le yǐhòu nǐ xiǎng zuò shénme?

B：Zhè ge wèntí wǒ hái méi kǎolǜ.

A：Wǒ yǒu_____xiǎng wènwen nǐ.

B：Shénme_____? Nǐ shuō ba.

A：_____yǐhòu nǐ zhǔnbèi_____?

B：_____.

综合练习

（一）完成会话：王才和山本在宿舍聊天儿

王才：你最近进步_____。

山本：是吗？

王才：你的发音和声调都_____
_____。

以后去日本

第十课　谈学习目的

山本：这要感谢＿＿＿＿＿＿。

王才：对了，我有个＿＿＿＿＿＿想问问你。

山本：什么问题？

王才：你为什么要学习汉语？

山本：我想＿＿＿＿＿＿，还想＿＿＿＿＿＿。你呢？你为什么学习日语？

王才：我准备＿＿＿＿＿＿，以后去日本＿＿＿＿＿＿。

Wáng Cái： Nǐ zuìjìn jìnbù＿＿＿＿＿＿.

Shānběn： Shì ma?

Wáng Cái： Nǐ de fāyīn hé shēngdiào dōu＿＿＿＿＿＿.

Shānběn： Zhè yào gǎnxiè＿＿＿＿＿＿.

Wáng Cái： Duìle, wǒ yǒuge＿＿＿＿＿＿xiǎng wènwen nǐ.

Shānběn： Shénme wèntí?

Wáng Cái： Nǐ wèi shénme yào xuéxí Hànyǔ?

Shānběn： Wǒ xiǎng＿＿＿＿＿＿, hái xiǎng＿＿＿＿＿＿. Nǐ ne? Nǐ wèi shénme xuéxí Rìyǔ?

Wáng Cái： Wǒ zhǔnbèi＿＿＿＿＿＿, yǐhòu qù Rìběn＿＿＿＿＿＿.

（二）完成会话：丁兰和贝拉在宿舍聊天儿。

丁兰：贝拉，你喜欢什么_____？

贝拉：教师。

丁兰：能说说_____吗？

贝拉：教师是_____的职业，我对_____非常有兴趣。

丁兰：在意大利学习汉语的人多吗？

贝拉：_____。

丁兰：你喜欢_____，以后一定是个好老师。

Dīng Lán: Bèilā, nǐ xǐhuan shénme_____?

Bèilā: Jiàoshī.

Dīng Lán: Néng shuōshuo_____ma?

Bèilā: Jiàoshī shì_____de zhíyè, wǒ duì_____ fēicháng yǒu xìngqù.

Dīng Lán: Zài Yìdàlì xuéxí Hànyǔ de rén duō ma?

Bèilā: _____.

Dīng Lán: Nǐ xǐhuan_____, yǐhòu yídìng shì ge hǎo lǎoshī.

课后练习

（一）复述短文 1

学汉语的目的

我们班的同学都很喜欢学汉语。可是，每个人学习的目的不一样。

日本学生高桥美子想去公司当中文翻译。小山正男有一个中国女朋友，所以他要学习汉语。韩国学生金成德想在中国经商。他爸爸在中国有一个公司。意大利学生贝文想在中国读汉语的学士、硕士、博士，她准备回国做教师。美国学生玛丽喜欢中国历史和文化，她想进行这方面的研究。还有，德国学生安娜的母亲是中国人。她想以后用汉语跟妈妈说话。彼得呢？他只是觉得汉语特别有意思，学完以后做什么，他还没考虑呢。

拼音

Xué Hànyǔ de Mùdì

Wǒmen bān de tóngxué dōu hěn xǐhuan xué Hànyǔ. Kěshì, měi ge rén xuéxí de mùdì bù yíyàng.

Rìběn xuésheng Gāoqiáo Měizǐ xiǎng qù gōngsī dāng Zhōngwén fānyì. Xiǎoshān Zhèngnán yǒu yí ge Zhōngguó nǚ péngyou, suǒyǐ tā yào xuéxí Hànyǔ. Hánguó xuésheng Jīn Chéngdé xiǎng zài Zhōngguó jīng shāng. Tā bàba zài Zhōngguó yǒu yí ge gōngsī. Yìdàlì xuésheng Bèiwén xiǎng zài Zhōngguó dú Hànyǔ de xuéshì、shuòshì、bóshì, tā zhǔnbèi huí guó zuò jiàoshī. Měiguó xuésheng Mǎlì xǐhuan Zhōngguó lìshǐ hé wénhuà, tā xiǎng jìnxíng zhè fāngmiàn de yánjiū. Háiyǒu, Déguó xuésheng Ānnà de mǔqin shì Zhōngguórén. Tā xiǎng yǐhòu yòng Hànyǔ gēn māma shuō huà. Bǐdé ne? Tā zhǐshì juéde Hànyǔ tèbié yǒu yìsi, xuéwán yǐhòu zuò shénme, tā hái méi kǎo lǜ ne.

（二）复述短文 2

王老师给李明介绍了一家公司

李明是法国留学生，他来北京已经一年了，汉语进步很快。可是最近他遇到了一个问题，他没钱了。他已经花了爸爸妈妈很多钱，不想再跟家里要了。他很着急。

李明想请王老师给他找一个工作。王老师说："你会说法语,又会说英语,还懂一点儿汉语,应该到公司里去试试。"第二天,王老师给李明打电话,说:"我给你介绍一家公司,你想不想去?"李明说:"想去,想去。谢谢您!"现在,李明每天上午在学校上课,周一、周三和周五下午到公司上班,晚上再回学校学习。这种生活很紧张,但是李明觉得很高兴。

拼音

Wáng Lǎoshī Gěi Lǐ Míng Jièshàole Yì Jiā Gōngsī

Lǐ Míng shì Fǎguó liúxuéshēng. Tā lái Běijīng yǐjīng yì nián le, Hànyǔ jìnbù hěn kuài. Kěshì zuìjìn tā yùdàole yí ge wèntí, tā méi qián le. Tā yǐjīng huāle bàba māma hěn duō qián, bù xiǎng zài gēn jiā li yào le. Tā hěn zháojí.

Lǐ Míng xiǎng qǐng Wáng lǎoshī gěi tā zhǎo yí ge gōngzuò. Wáng lǎoshī shuō: "Nǐ huì shuō Fǎyǔ, yòu huì shuō Yīngyǔ, hái dǒng yìdiǎnr Hànyǔ, yīnggāi dào gōngsī li qù shìshi." Dì èr tiān, Wáng lǎoshī gěi Lǐ Míng dǎ diànhuà, shuō: "Wǒ gěi nǐ jièshào yì jiā gōngsī, nǐ xiǎng bu xiǎng qù?" Lǐ Míng shuō: "Xiǎng qù, xiǎng qù. Xièxie nín!" Xiànzài Lǐ Míng měi tiān shàngwǔ zài xuéxiào shàng kè, zhōuyī, zhōusān hé zhōuwǔ xiàwǔ dào gōngsī shàng bān, wǎnshang zài huí xuéxiào xuéxí. Zhè zhǒng shēnghuó hěn jǐnzhāng, dànshì Lǐ Míng juéde hěn gāoxìng.

词汇总表 Vocabulary list

B

百	（数）	bǎi	4
包子	（名）	bāozi	2
杯	（名、量）	bēi	2
笔画	（名）	bǐhuà	10
笔顺	（名）	bǐshùn	10
遍	（量）	biàn	5
表达	（动）	biǎodá	7
表示	（动）	biǎoshì	6
宾馆	（名）	bīnguǎn	8
博士	（名）	bóshì	10
补充	（动）	bǔchōng	6
不错	（形）	búcuò	9
不同	（形）	bùtóng	5

C

餐厅	（名）	cāntīng	8
厕所	（名）	cèsuǒ	3
朝	（动、介）	cháo	8
车	（名）	chē	3
出租车	（名）	chūzūchē	8

D

打算	（动）	dǎsuàn	10
第	（词头）	dì	1
电脑	（名）	diànnǎo	6

	动物园	（名）	dòngwùyuán	3
	都	（副）	dōu	4
	短语	（名）	duǎnyǔ	1
	多少	（代）	duōshao	3
F	分	（量）	fēn	2
	附近	（名）	fùjìn	7
G	个	（量）	gè	2
	工程师	（名）	gōngchéngshī	6
	功能	（名）	gōngnéng	6
	估计	（动）	gūjì	6
H	好吃	（形）	hǎochī	6
	花	（动）	huā	10
	还是	（连）	háishì	5
	换	（动）	huàn	4
	会话	（名）	huìhuà	1
J	几	（代）	jǐ	3
	价钱	（名）	jiàqian	8
	饺子	（名）	jiǎozi	2
	介绍	（动）	jièshào	4
	借	（动）	jiè	7
	斤	（量）	jīn	3
	经验	（名）	jīngyàn	9
	句子	（名）	jùzi	1
	拒绝	（动）	jùjué	9

K

考	（动）	kǎo	10
考试	（动）	kǎoshì	5
可能	（助动）	kěnéng	9
课	（名）	kè	1

L

朗读	（动）	lǎngdú	5
离	（介）	lí	7
两	（数、量）	liǎng	2
留学	（动）	liúxué	6
留学生	（名）	liúxuéshēng	9
录音	（动、名）	lùyīn	4

M

慢	（形）	màn	5
毛	（量）	máo	2
免费	（形）	miǎnfèi	8
面包	（名）	miànbāo	2
面条儿	（名）	miàntiáor	2

N

南	（名）	nán	8
牛奶	（名）	niúnǎi	2
努力	（形）	nǔlì	9

P

旁边	（名）	pángbiān	7
拼音	（动、名）	pīnyīn	7
苹果	（名）	píngguǒ	3

Q

| 千 | （数） | qiān | 4 |
| 前边 | （名） | qiánbian | 7 |

	钱	（名）	qián	3
	请求	（动）	qǐngqiú	7
	请问	（动）	qǐngwèn	3
R	人口	（名）	rénkǒu	6
	软件	（名）	ruǎnjiàn	6
S	商量	（动）	shāngliang	9
	上班		shàng bān	10
	上网		shàng wǎng	9
	生词	（名）	shēngcí	1
	声调	（名）	shēngdiào	1
	声母	（名）	shēngmǔ	1
	食堂	（名）	shítáng	2
	手机	（名）	shǒujī	7
	水	（名）	shuǐ	8
	硕士	（名）	shuòshì	10
T	谈	（动）	tán	5
	讨价还价		tǎo jià huán jià	8
	特点	（名）	tèdiǎn	8
	听	（动）	tīng	4
	同意	（动）	tóngyì	9
W	玩儿	（动）	wánr	9
	婉言	（名）	wǎnyán	9
	碗	（名、量）	wǎn	2
	万	（数）	wàn	4
	问候	（动）	wènhòu	1

	无	（动）	wú	7

X

香蕉	（名）	xiāngjiāo	3
想法	（名）	xiǎngfǎ	7
校内	（名）	xiàonèi	8
星期	（名）	xīngqī	7
性状	（名）	xìngzhuàng	8
学士	（名）	xuéshì	10
学习	（动）	xuéxí	1
询问	（动）	xúnwèn	7

Y

夜班	（名）	yèbān	6
一点儿	（数量）	yìdiǎnr	5
音节	（名）	yīnjié	1
应该	（副）	yīnggāi	10
硬件	（名）	yìngjiàn	6
用法	（名）	yòngfǎ	5
游戏	（名）	yóuxì	9
语法	（名）	yǔfǎ	5
语音	（名）	yǔyīn	1
遇到	（动）	yùdào	10
遇见	（动）	yùjiàn	10
愿望	（名）	yuànwàng	8
韵母	（名）	yùnmǔ	1

Z

在	（动、介）	zài	2
早餐	（名）	zǎocān	8
找	（动）	zhǎo	3

值(班)	(动)	zhí(bān)	6
职业	(名)	zhíyè	6
字	(名)	zì	5
自行车	(名)	zìxíngchē	7
坐	(动)	zuò	3

专名 Proper nouns

D

德国	Déguó	9

M

美元	Měiyuán	4

O

欧元	Ōuyuán	4

R

人民币	Rénmínbì	4

日元	Rìyuán	4

Y

英语	Yīngyǔ	5
于大年	Yú Dànián	9

Z

中国	Zhōngguó	2